新版

授業づくりの教科書

理科実験の教科書 5年

宮内主斗［編著］

さくら社

はじめに

この本は、好評をいただいた『理科実験の教科書』を 2020 年度から実施の新学習指導要領に対応してバージョンアップしたものです。

初版発行時には、日本初のフルカラーの教育書と言われました。実験の仕方がとてもわかりやすいと評判でした。それだけでなく、数々の工夫された実験が掲載され、教科書の実験の代わりに取り組んでくれた先生方が、たくさんいらっしゃいました。

その発行から８年が過ぎ、学習指導要領も変わりました。

私たちも、提案した実験を少しずつ改良してきました。よりわかりやすく、より成功率を高め、より楽しく、そしてより簡単にできることも考えました。

その結果、一つのねらいに対して、複数の実験が開発されてきました。甲乙つけがたいものがたくさんあったのです。

そこで、今回の本は、その複数の実験を一つに絞るようなことをせず、読者の皆さんに選んでいただく方針にしました。

どうか、予備実験をする際、教科書の実験と本書の実験を見比べながら、どの実験をするかお考えください。

ぜひ、本書の実験を、子どもたちと一緒に楽しんでください。予備実験をしながら写真を撮って原稿を書いていますので、再現率は高いと思います。

実は、水を凍らせる実験はうまくいかなくて、トライ＆エラーを繰り返し、４日くらいかけてやっと原稿にできるレベルの実験になりました。他にも、執筆者同士で追試実験をし、アイディアを出し合い、実験を改良していったものがたくさんあります。インターネットを介して全国から集まった本書の執筆者は、私の誇る研究集団です。

普段の授業で本書が活用され、子どもたちが喜んで取り組み、「なるほど、わかった!」という声が上がることになれば、執筆者としてこれほど嬉しいことはありません。

なお、この本の実験を動画でご覧に入れるオンライン講座を開催予定です。パスワードは、「rika2020sakura」です。詳しくは、執筆者代表のサイトでご確認ください。

https://sites.google.com/view/miyauti

2020 年 7 月　　　　執筆者代表　宮内主斗

CONTENTS 新版 理科実験の教科書〈5年〉

1章 天気

2章 種子の発芽と成長

3章 動物のふえ方

4章 ヒトの誕生

5章 植物のふえ方

6章 流水のはたらき

7章 電磁石

8章 物の溶け方

9章 振り子

10章 理科授業の環境づくり

飛行機の窓から下に積雲が見えています。

1章　天気

◉これだけは押さえたい

- 日本の天気は、およそ西から東へ移り変わること。
- 台風の進路は、およそ南から北上すること。

◉指導のポイント

- 日本の天気は、上空を流れる偏西風のために、およそ西から東に移り変わります。ですから、気象情報を見る時にも、「明日の雨という予報は、今日は西の方で雨だからだな」と納得がいくようになってほしいです。
- 天気が大きく変化するのは、寒冷前線が通過する時です。その時に雲の観察をすると、天気が大きく崩れる前兆がわかります。晴れの日が長く続く時の観察より効果的です。
- 天気の変化はおよそ西から東ですが、偏西風より低いところを吹く風により、雲の動きは西から東とは限りません。逆に動くこともあります。
- 台風は、南の海上で発生します。そして、渦を巻きながら北上します。偏西風に乗れば、北上しながらも西から東へ動きます。台風は災害を引き起こすので、注目して備えるようにします。

1　天気は西から東へ

時間
観察1回
25分

寒冷前線を活用すれば、数時間の間に晴れから雨への変化を観察できます。

ポイント

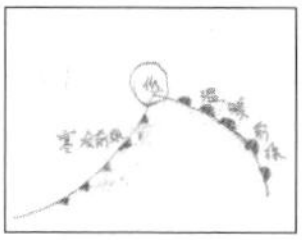

◉低気圧が近づけば天気は崩れ、高気圧に覆われれば天気はよくなります。雲の観察の授業をいつ行えばよいか、天気図が参考になります。寒冷前線が通過する時は短時間で、天気が大きく変わります。観察のチャンスです。

準備するもの

◎天気予報で、低気圧や寒冷前線が通過する時等、短時間で天気が大きく変わる時を調べ観察の日時を決めます。

【急に天気が変わるパターン】

寒冷前線

寒冷前線が通過すると、晴れていたのに、急に雲に覆われ激しい雨が短時間に降るというように、短い時間に天気が変わります。そして、前線が通過した後は、気温が下がります。

雨を降らせる雲は、主に積乱雲です。

積乱雲

【徐々に天気が変わるパターン】

温暖前線

温暖前線が近づいてくると、薄曇りから本曇り、小降りの雨がだんだん強くなるという具合に、前線が通過するかなり前から天気や雲の様子が徐々に変わります。そして、前線が通過すると、雨がやみ晴れて気温は上がります。

雨を降らせる雲は、主に乱層雲です。

◆授業展開

（場所は校庭、寒冷前線が通過する直前の観察の設定）

1　今の天気を確認

児童は、少しでも雲があると曇りと答えます。全天の９割以上覆われた時が「曇り」であることを押さえます。

2　方位と雲の様子を確認

忘れている児童も多いので、機会があるごとに東西南北を確認します。

3　空全体の雲の様子を確認

「晴れているが、西の空が曇っている。」など方位を入れた自分の言葉で表現させます。

4　主発問　「雨を降らせる雲は、どんな雲だろう」

過去の経験を根拠に予想を書かせ発表させます。

徐々に天気が変わる様子

巻雲

高積雲

高層雲

層雲　本曇り、しとしとの雨も

乱層雲　昼でも薄暗く強い雨

【低気圧が近づく時】

温暖前線に似たような天気の変化ですが、低気圧が通過した後すぐには雨がやまずに、徐々に天気がよくなっていきます。

雨を降らせる雲は、主に乱層雲と積乱雲です。

参考になるHPの一例

今日の衛星画像：気象庁のHP　http://www.jma.go.jp/jp/gms/

過去の天気：日本気象協会HP　http://www.tenki.jp/past/

雲の動画：NHK for School　http://www.nhk.or.jp/rika/fushigi5/

5　今日の天気予報を伝えます

「晴れのち雨」この後、雨が降るので、その時の予想の雲を確認します。

6　北西の空をスケッチします

北西の理由には深入りしない。

※天気図や、気象衛星の写真は、左が西で右が東になっています。説明なく南の空を観察させると、雲の動きが左右逆になってしまい混乱します。

寒冷前線が通過する直前であれば、晴れているのに、西の空が厚い雲（積乱雲）に覆われているようなスケッチになります。

※日本付近での雲の動きは、局所的には東から西に動いたり、何もないところから雲が湧き出たりしますが、大きく見ると西から東です。

天気の変化は、雲の量や動きと関係があることを捉えます。また、実際に観察した結果から、雲の形や量、動きの多様さに触れ、雲にはさまざまなものがあることを捉えるようにすることが大切です。

気象庁　日本気象協会　ＮＨＫ

やってはいけない

STOP

雲の観察で、太陽を直接見てはいけません。特に、薄曇りの場合には、まぶしくなくても強い紫外線が降り注いでいます。

強風を伴う低気圧など、気象情報に注意する必要があります。

前線や低気圧について、授業では深入りしません。

2 台風は北上

時間
1単位時間

新聞天気図や衛星画像を利用して、台風の進路と天気の変化を学びます。

ポイント	準備するもの
◉台風は西→東に動くだけでなく、北上します。	◎台風が示されている衛星画像や天気図◎台風の進路記録（気象庁のHPから）◎トレーシングペーパー ○最近、新聞を購入しない家庭が増えました。教科書の天気図や教員が用意した天気図を利用します。

【学習のねらい】
日本は毎年、初夏から秋にかけて台風が接近します。台風の進路を知ることは防災上も大切です。

【台風が近づいた時の天気の変わり方】

1．台風が近づいた時の天気図、雨量情報を４日分集めます。
2．トレーシングペーパーに、日本列島や中国大陸などを縁取りします。

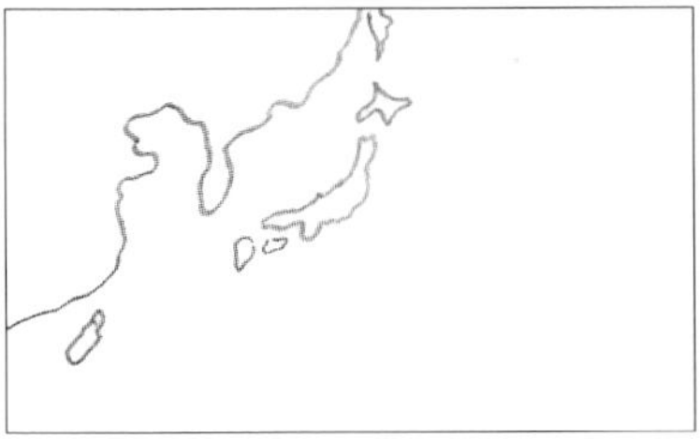

3．天気図の上にペーパーをおいて、台風の中心に印をつけていきます。

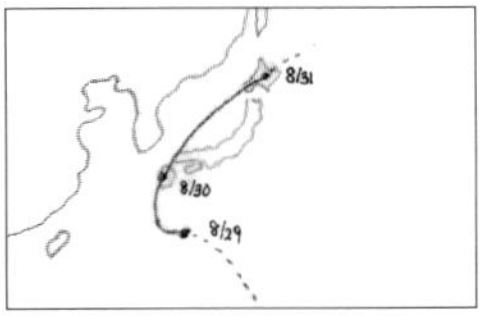

4．各点を曲線でつないでいくと、台風の進路がわかります。天気がどのように変化するか、雨量情報を参考にして考えます。

◆台風豆知識

熱帯で発生し風速が17m/s以上（時速61km）に発達したものをいいます。台風は豊富な水蒸気が源なので、海水温が下がったり、陸地に上陸したりすると勢力が弱くなります。

◆雨量の変化

最近の台風は勢力が強く、多量の雨をもたらすことがあります。台風の進路にそって、雨量が変化することに気付かせましょう。

◆資料の入手方法

気象庁のHPから、入手できます。
［ホーム>各種データ資料>過去の台風資料>台風経路図］

【季節による台風の進路】

台風は５月頃から、北上するようになりますが、その年の高気圧や低気圧の配置等の条件により、進路が変化します。気象庁から入手できる台風経路図を示すことにより、より細かく台風の動きを捉えることができます。

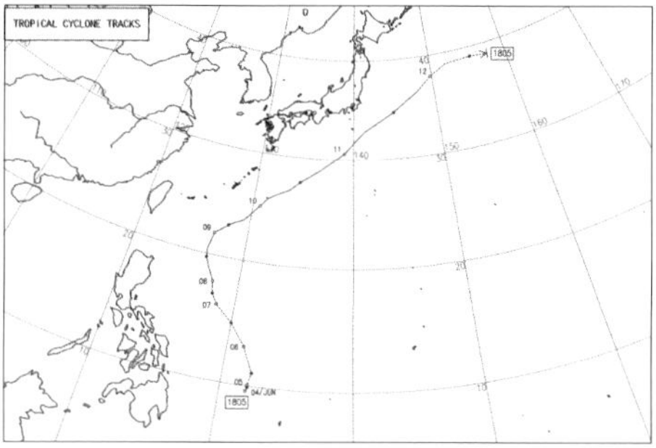

「2018年６月４日発生台風４号経路図」
（気象庁HPより）

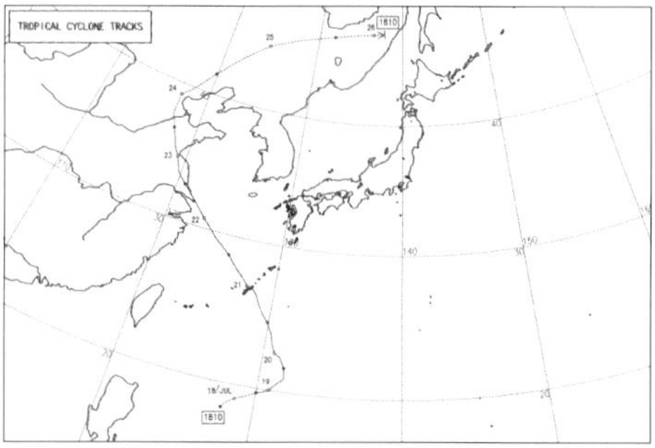

「2018年７月18日発生台風10号経路図」
（気象庁HPより）

◆台風の経路

台風は赤道付近で発生し、北上しながら、偏西風の影響で東向きに進路をかえていきます。

二百十日（９月１日頃）は、台風が日本に接近する時期にあたるため、台風の被害に備えるための注意を喚起しています。

◆台風の進む方向 右側は要注意

台風は反時計回りに回転しながら進みます。このため進む向きの右側では、吹き込む風と進む向きが同じになるので、左側より強い風が吹きます。

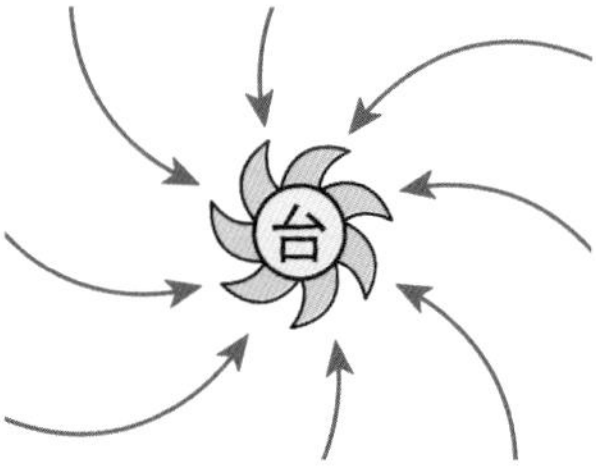

学習のまとめ

台風は日本の南の海上で発生し、北上します。台風が近づくと風雨がはげしくなります。

COLUMN

日本の天気

春や秋の天気は、他の季節に比べて天気が西から東に周期的に変わります。どうして変わりやすいのでしょうか。

低気圧や前線が近づくと、本文で紹介したように天気が崩れていきます。また、高気圧に覆われると、よい天気になります。このように天気に影響を与える、低気圧や前線、高気圧は、春や秋には西から東に周期的に移動します。それで、天気は西から東に周期的に変わるのです。

●緯度が変わるジェット気流

では、なぜ低気圧や高気圧は西から東に移動するのでしょうか。

日本の位置する北緯30度から60度の中緯度帯には偏西風が吹いています。地表付近の風の向きは気圧配置により変わりますが、上空には、いつも西から東に吹く、強いジェット気流（偏西風の軸）があります。このジェット気流は、低気圧や高気圧の発生にも影響を与えます。

ジェット気流は、冬に日本の南、北緯30度付近にまで南下し、風速100m/sを超えることもあるくらい強く吹きます。春にはしだいに北上し、西日本付近に移動します。そして夏には、北海道の北まで北上します。その後南下して、秋には東日本付近に移動し、さらに南下していきます。

このように季節によってジェット気流の緯度が変わります。春や秋には、ちょうど日本の上空にジェット気流があるため、強い西風によって低気圧や高気圧は、西から東に移動しやすくなります。それで、天気が西から東に変わるのです。

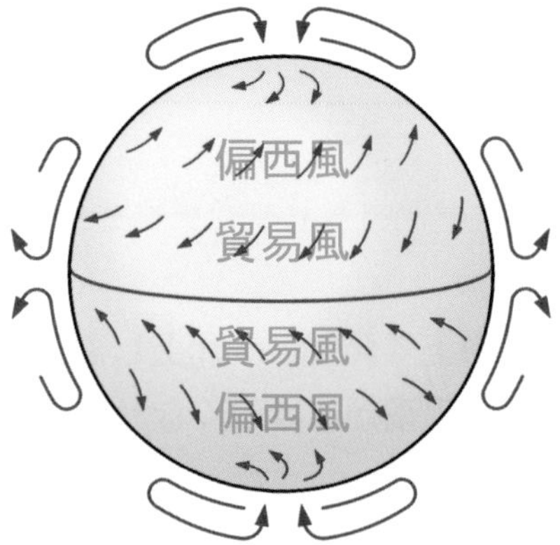

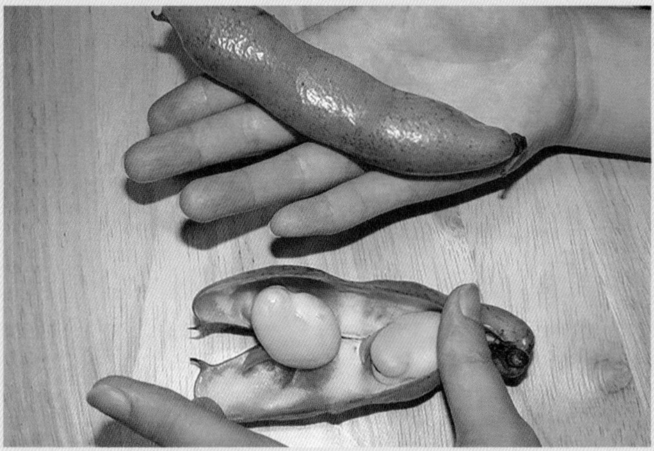

ソラマメの実と種子　幼芽幼根と比べて大きな子葉が特徴です。

2章 種子の発芽と成長

◉これだけは押さえたい

- 種子が発芽するには、水、空気、適当な温度等が関係すること。
- 発芽に日光は必ずしも関係しないかわりに、種子の中には養分が入っていること。成長には不可欠。
- 成長の条件には、日光と肥料が加わること。

◉指導のポイント

- 植物にとって日光は死活問題ですが、発芽には必ずしも関係がありません。ニンジンなど、光を当てないと発芽しない好光性の種了もありますが、種子の中に養分があるので光合成をしなくてすみます。
- 条件制御を学ぶ機会でもありますが、発芽には水が必要ですし、呼吸をするから空気も必要と学ぶことで、「我々と同じように生きている」と実感させたいものです。そのためには、空気が必要かを学習する時に、「なぜ必要か」という発問が不可欠になります。実験自体は検定教科書の物でよいので、空気が必要なことと呼吸とを結びつけてあげましょう。
- 養分をつくれるようになれば、日光や肥料が必要になります。成長の条件と発芽条件の違いは、こうして出るのです。

3 生物とは何かを捉える

時間 1単位時間

「生物とは何か」を考えることで、科学の学習にどんな意味があるかを知らせていくことができます。

ポイント

◉素朴な考えを引き出します。
◉生物とは何かの意見を交換します。
◉自分の成長が確かめられます。

準備するもの

◎教科書◎ノート

（子どもたちに語る）地球にはたくさんの生き物がいます。生き物のことを、生物といいます。今日の課題は、「知っている生物の名前を書こう」です。

＜動物園にいるほ乳動物＞
パンダ、ライオン、シマウマ、ゾウ、
キリン、ゴリラ...

ほ乳類だけ書く子が多いです。

＜ほ乳類以外の動物＞
ニワトリ、ツバメ、ヘビ、
ワニ、トカゲ、カエル、
イモリ、マグロ、フナ、
モンシロチョウ、アリ、トンボ

ほ乳類以外の動物に気付く子は、やや少ないです。植物を書く子は、ほとんどいません。

あえて物を提示せず、１人１人を見て語りかけながら課題を提示します。課題を板書し、子どもも一緒にノートを取らせます。

この時、できるだけたくさん書かせることと、数を数えやすく書かせることが、後になって意味をもってきます。そこで、課題を板書します。

１行に３つだけというのは、数えやすくするための指示です。使っているノートによっては５つに変えるなどしてください。

始めの合図を出したら、できるだけ静かに１人１人がノート作業できるよう環境づくりに配慮します。

＜植物＞
インゲンマメ、サクラ、イネ

このような友だちの意見を聞くことは、生物の名前を学習するだけではありません。
「意見を聞くと、賢くなる」という学習でもあります。
植物を「生きている」と言ってよいか議論させると、このような意見が出ます。

＜言ってよくない＞
植物は動かない（根強い意見です）。

＜言ってよい＞
植物も動物と同じように大きくなる。

植物も生きているというのは、なぜなのでしょう。動物と共通することを出させます。

育つ、栄養をとる、水をとる、呼吸をする、子孫を残す
等とまとめます。
※呼吸は、発芽条件と関係します（空気）。

これは、「なぜかがわかると、さらに賢くなる」という学習でもあります。なぜかがわかると、見方や考え方が身に付くからです。

※科学は、単なる知識の集まりではなく、考え方（体系）です。だから、「なぜか」を考えることは大切です。

植物を書いた子を覚えておき、後で指名します。

5分経ったらやめさせ、数を数えさせます。数が多かった子、2、3名に発表させます。

その後、植物を入れた子に発表させます。その植物を入れてよいかどうかを、話し合います。この時、理由を出し合うように促していくことが大切です。頃合いを見て、科学者の考えを伝えます。植物も生物です。

その理由を言わせてみましょう。子どもたちの意見を聞き取り、左のようにまとめます。

その後、同じ5分間で生物をたくさん書かせます。前と同じものを書いてもよいし、話を聞いてわかったものを加えてもよいです。すると、前よりたくさん書ける子がほとんどになります（学習の成果）。

やってはいけない

最初に生物を書く時、教師がヒントを与えてはいけません。みんなの話し合いの意味がなくなります。

4 いろいろな種子と発芽

いろいろな種子とその発芽を観察し、違いや同じところを発見させましょう。

時間 1単位時間＋α

ポイント

◉**種子にはいろいろな形や大きさがあります。また、発芽の様子もさまざまです。多様性を感じさせるとともに、発展的な内容として子葉の数の違いに気付かせると、中学校での学習につながります。**

準備するもの

◎いろいろな種子（ハトのエサ等）◎台紙・粘着テープ◎イチゴパックのような容器◎キッチンペーパー◎食品用ラップ

【手順】

①今までにいろいろな種子を見てきたことを振り返ります。種子を配って、いろいろな色や形の種子があることを示します。

いろいろな植物の種子と発芽

年　組　番　氏名

	ヒマワリ	ピーマン	マリーゴールド	トウモロコシ	コムギ
種子					
発芽の様子					
気付いたこと					

②指定した種子を、粘着テープで台紙に貼り付けさせます。

③いろいろな種子を発芽させるために、容器に濡れたキッチンペーパーを敷き、タネを置いて、食品用ラップをかけます。

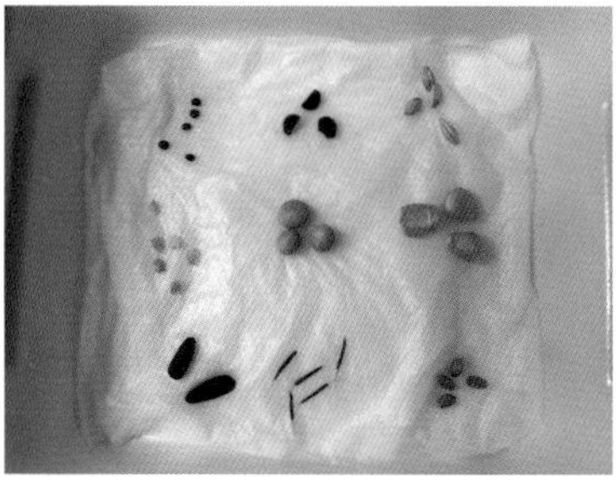

・種子は、子葉が１枚と２枚の両方の物が含まれるようにします。

・小学校で扱う植物のほとんどが、子葉が２枚の植物（双子葉植物）です。しかし、子葉が１枚の植物（単子葉植物）も少なくありません。トウモロコシ、イネ、ムギ、ツユクサ、ササ、チューリップ等がそうです。葉が細長く、葉脈が平行に近い走り方をしているのが特徴です。

④発芽したら、台紙にスケッチをします。スケッチをする時に、子葉の枚数に気をつけるように指導します。

・発芽のタイミングは、植物によって違います。隙間時間などを使って短時間でスケッチさせます。

⑤大部分が発芽したら、気付いたことを交流する時間をとります。子葉の数に違いがあることに気付いているはずです。

・子葉の数の違いと、その他の特徴との関連については、中学校で詳しく学習します。主に、葉脈、根の形、維管束の並びが違います。

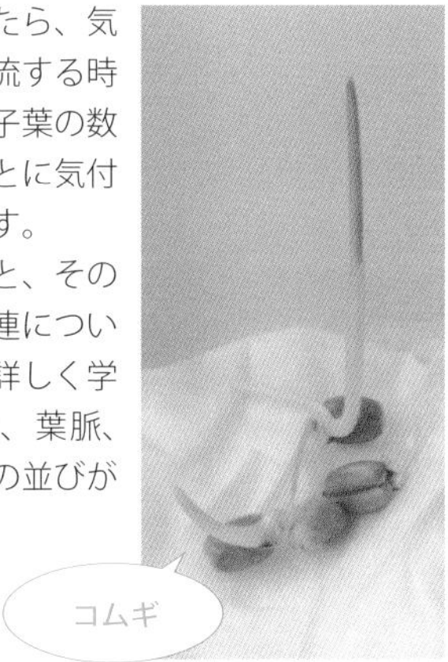

・ここでは、あえて単子葉植物の種子の発芽も見せることで、発芽といえば双葉という固定概念を崩します。

・種子の入手に苦労する場合は、ハトのエサを使うと便利です。使われている種子が明記されている商品を選びましょう。

・ソバやコムギのアレルギーを持っている児童がいる場合は、それらの種子を使用しません。

・種子によっては、光の有無や休眠など、教科書にない条件で発芽しない場合もあります。

学習のまとめ

種子にはいろいろな色や形があった。子葉にも、いろいろな形があった。子葉は、２枚のものだけではなく、１枚のものもあった。

5 植物の成長と、光・肥料の関係について

時間 1週間程度

いろいろな種子とその発芽を観察し、違いや同じところを発見させましょう。

ポイント

◉植物の成長と光や肥料がどう関係するかを調べる実験は、長い時間が必要になります。そこで、市販のカイワレダイコン（発芽したばかりの大根）を使って、光と肥料の有無を一気に短時間で実験します。

準備するもの

◎カイワレダイコン4つ（根が白いものがよいです）◎液体肥料（液肥）◎三角コーナー用ネット◎うすめた肥料を入れる容器（ペットボトル等）◎段ボール箱

【手順】

①カイワレダイコンをパックから取り出し、パックの底に折りたたんだネットを入れます。ホチキスで留めると、入れやすくなります。

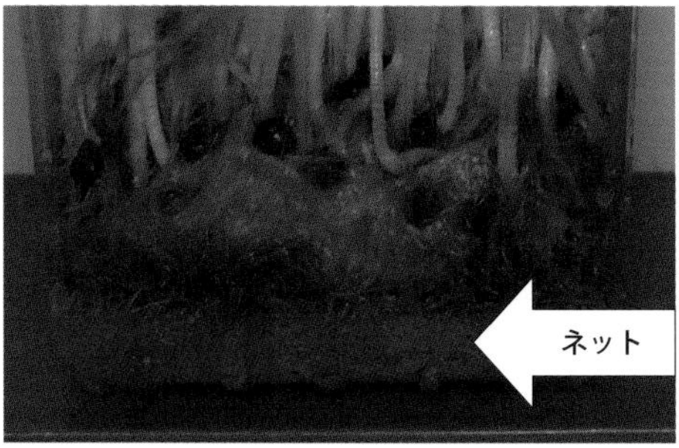

②カイワレダイコンをパックに戻します。

③パックの壁に沿わせるように、静かに水（または液肥をうすめたもの）を入れて、軽く揺すってから捨てます。根を洗うために、2～3回行い、少しの間傾けたままにして水を切ります。

④光に当てないものは、小さな段ボール箱をかぶせます。中から覗いて、光が漏れていないことを確かめます。

・結果がわかるようになるまでに1週間程度かかります。時間がかかることを前提に、計画的に実施してください。

・「発芽した植物が成長するためには、光や肥料は必要だろうか」

・ネットは、根が水につかって根腐れしないようにする効果と、根が伸びる余地を広げる効果とがあります。

・市販のカイワレダイコンには、うすい液肥が使われています。手順③で「根を洗う」のは、条件を整えるためです。

⑤光に当てるものは、日当たりのよい場所に置きます。光を当てるかどうかで温度が大きく変わらないように配慮します。
⑥日に２～３回、③を行います。
子どもたちは段ボール箱で覆ったものを観察したくなりますが、自由に観察をさせると光を遮断している意味がなくなります。教員が休み時間に、③のついでに見せる程度にとどめましょう。
⑦１週間程度で、違いがわかるようになります。

光○・肥料×　／　光○・肥料○

光×・肥料×　／　光×・肥料○

・液肥は、パッケージを見て正しくうすめてください。濃いと根腐れしますし、うすいと違いがわかりにくくなります。筆者は、ハイポネックスを500倍にして使っています。ペットボトルなどにつくって日かげに置いておくとよいでしょう。
・根が水につかると、根腐れの原因になります。よく水を切ってください。
・光に当てないカイワレダイコンは、はじめのうちは光を求めてぐんぐん伸びます。これを「成長したのだ」と判断してはいけません。しばらく経つと、葉が黄色くなり、枯れてきます。ここまで観察する必要があります。
・光と肥料を与え続けても、このままでは成長できません。違いを確認したら、処分しましょう。

学習のまとめ

植物の成長には、光が必要です。肥料は必要ではありませんが、あるとよく成長します。

6 種子の観察

時間
約1分
ヨウ素液をかけてから色が変化するまで

種子の中にでんぷんがあることをヨウ素液で調べます。
ソラマメがわかりやすいです。

ポイント

- **◉ソラマメなら短時間で準備可能です。**
- **◉種子を割ったり切ったりしたところにヨウ素液を付けます。**

準備するもの

◎種子◎ヨウ素液◎皿等

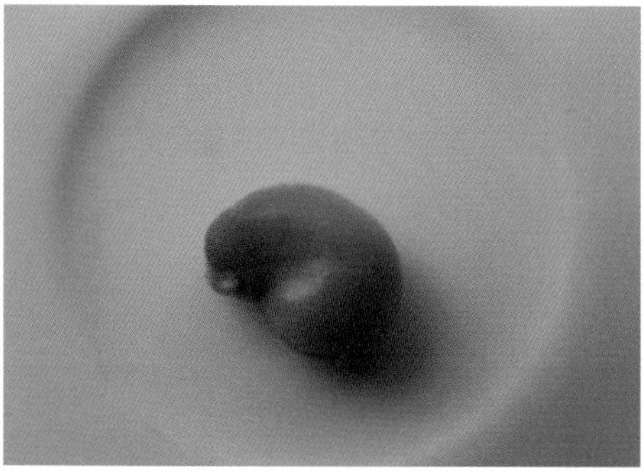

①皿などの上に、茹でたソラマメの種子を置きます。

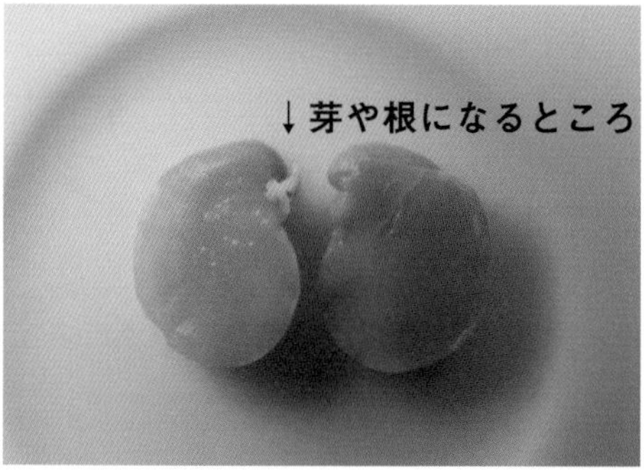

②手で２つに割ることができます。

種子は、観察しやすくするために、前日のうちに水につけておきます。当日の朝に準備するなら、茹でて柔らかくします。生のソラマメなら、沸騰した水に２、３分入れれば使えます。ソラマメをおすすめします。

1 柔らかくなった種子を、でんぷんを含まない皿等の上に置きます。紙はでんぷんを含むことがあるので不可です。

2 双子葉類の場合、手で２つに割ることができます。
割ったら、芽や根になる部分と子葉とを見分けましょう。写真のソラマメの場合、子葉が大変大きいことがわかります。芽や根になるところは、わずかしかありません。ここが、ソラマメの赤ちゃんです。

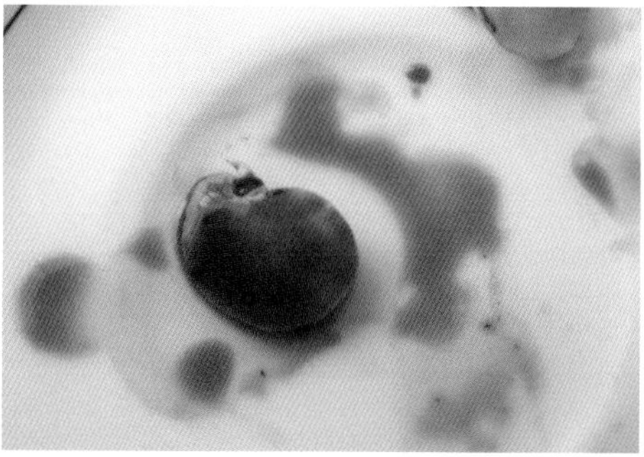

③子葉にヨウ素液をかけても、よくわかりません。

④子葉を切り、切った面にヨウ素液をかければ明らかに色が変化します。

ヨウ素液は、使用する前日までに濃度を調整しましょう。昨年度の物は、光に当たることで変化してしまい、ヨウ素でんぷん反応が出ないことがあります。

濃度は、調べる種子にかけてみて、確実にヨウ素でんぷん反応が出るように、少し濃いめ（基本はビールびんの色）にするとよいです。

3 養分のでんぷんを含んでいるかを、ヨウ素液をかけて調べます。

子葉に直接ヨウ素液をかけても、なかなかしみこまないので、色が変化したかどうかはわかりづらいです。

子葉を切るか割るかちぎるかして、内部に直接ヨウ素液がかかるようにしないと、反応はすぐには現れないのです。インゲンマメも同じです。

4 切ったところにヨウ素液をかけると、明らかに元の色とは違う色（青紫色か黒っぽい色）になります。条件によっては、色が変化するまでに1分ぐらいかかることがあります。この養分が、赤ちゃんのお弁当になります。

やってはいけない STOP

■古いヨウ素液を使うこと

予備実験で調整しましょう。

種子を柔らかくせずにヨウ素液を使っても、なかなか反応しません。

COLUMN

新芽を食べるスプラウト

大豆のような豆類、ブロッコリーのような野菜の種子を発芽させて芽と茎を食用とする野菜をスプラウトとよび、食材として利用されています。発芽し成長を始めると、乾燥した種子の状態では存在しなかった栄養分を自分で合成するようになります。

❶種子の確保と播種

外国の契約農場の大規模な農地で、種子を生産し輸入しています。輸入された種子は検査後、不織布やスポンジのような根を張らせる素材を敷いた容器にまかれ、目的にあった栽培をします。

❷種類別の栽培方法

○カイワレダイコンタイプ

暗室で発芽させた後、ある程度の大きさまで育てます。その後、光を当てることにより、緑化させます。カイワレダイコンの他に、ブロッコリーやマスタードなどがあります。

○モヤシタイプ

出荷まで全く光に当てることなく、暗室で育てるため緑化させません。根と葉は自由な向きに生えており、あっさりした味がします。アルファルファのように辛みがあるモヤシもあります。

❸1年中栽培できるスプラウト

発芽条件で調べたように、水、空気、適当な温度が揃えば発芽します。栽培施設では空調により気温を保ち、地下水を定期的に噴霧することにより、空気が溶け込んだ水分を供給しています。このように3条件が揃うことにより、年間を通して連続的に安価に栽培できます。

❹宇宙船でも栽培される

火星に行く有人宇宙船や月面基地には、太陽光パネルで発電した電気で、LED照明を利用して野菜を育てる部屋が予定されており、スプラウトなどを利用した実証実験が行われています。

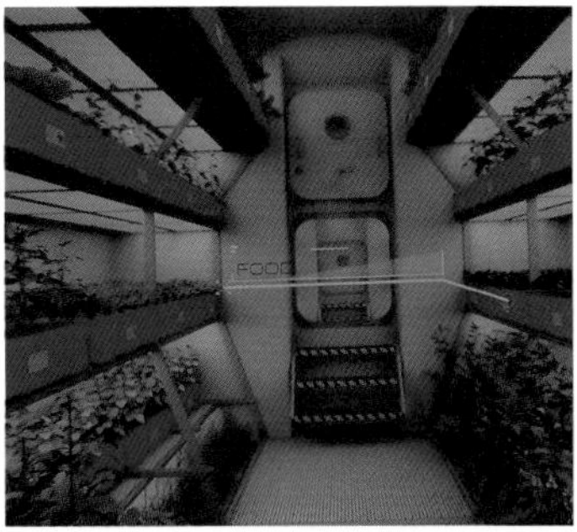

アメリカ・ヒューストンの宇宙博物館にて筆者撮影

卵を付けたメダカ

3章　動物のふえ方

◉これだけは押さえたい

- 動物にはおす・めすがいて、受精をして子孫を残すこと。
- 受精卵が成長し、誕生すること。

◉指導のポイント

- 「動物」というと、多くの子どもたちはほ乳類のことを想起します。魚は魚であり、動物ではないと考えている子も一定の割合います。そこで、メダカを育てていく中で、体を動かしてエサを見つけ、食べていくこと、卵で増えることなど、動物の特徴を持っていることに気付かせていきます。
- メダカの飼育法は、意外に難しいところがあります。特にエサ用として売られている物の扱いには、本文にあるように注意してください。
- メダカの受精は早朝に行われることが多いので、その瞬間を見せるには視聴覚教材の利用がよいでしょう。
- メダカが早朝に受精するということは、めすが卵を付けて泳いでいる姿が朝方にしか見られないということです。見付けたら別の水槽に移すなどして、食べられないようにしてください。

7 メダカの飼育

時間
設置に
30分
管理に1日
5分

栄養価の高いエサを与えていれば、
１匹あたり１シーズン100個以上卵を産ませることが可能です。

ポイント

◉魚を飼育する水槽の目安は、魚１cmにつき水１Lです。一般的な30cm水槽だと10L弱の水量になるため、メダカが２cmとすると５匹が限度です。60cm水槽など水量が多いものを使いましょう（一般的な60cm水槽だと水量は約50Lなので、20匹は飼育できます）。

準備するもの

◎メダカ（20匹は育てたいです）◎水槽（できるだけ容量が大きいもの）◎メダカのエサ（イトミミズ等の生き餌があるとベスト）◎（あれば）水槽用ライト

真夏に直射日光が当たる環境でも生きていけます（高温の場合は、特にエアレーションで酸素をたくさん供給することを忘れてはいけません）。

水温の心配がいらないなら、メダカのためにはむしろ日光を当てた方がよいです。日光を多く当てると藻の発生も多くなるので水替えも大切です。

◆手順

1 水槽の設置

教科書には「直射日光が当たらない場所に設置する」とありますが、これは水温が高くなりすぎることを避けるためです。

日光自体はメダカにとって重要です。産卵のためには、日照時間が13時間を越える必要があります。１日中日光が当たる場所は適当ではありませんが、全くの日かげに置くのもよくありません。

どうしても日光が当たらない場所に設置する場合は、水槽用の照明も設置し、13時間以上照明をつけておきましょう。

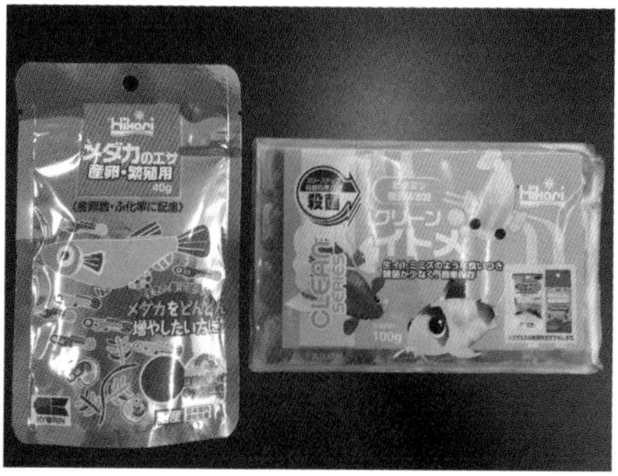

高タンパク質・高脂質のエサを与えると産卵のペースが上がります（右は冷凍のエサ）。

イトミミズを与えると、すぐに寄ってきて食べます。

2 日頃の管理

日照時間がクリアしていれば、栄養価の高いエサを与えることで毎日のように産卵します。

普段は顆粒やフレーク状のエサを与えます。１、２分で食べきる量を１日数回与えるようにします。

ペットショップではイトミミズを販売しているところがあります。時々、この生き餌を与えると成長のスピードが違います（保管は冷蔵庫にて。砂利に潜りやすいので、三角コーナーのネットなどに入れて与えます）。

イトミミズの取扱いがない場合には、冷凍の生き餌を与えることで代用します。

水は汚れやすくなるため、毎日バケツ１杯ほどの水を交換します。掃除時間等に毎日くみ置きした水と入れ替えれば、それほど大変ではありません。

やってはいけない

エサ用のメダカは避けましょう。ペットショップでは、肉食魚用のエサ用のメダカが売られています。このメダカは安価ですが、あまり丁寧に扱われておらず弱っています。購入してもすぐ死んでしまうことが多いです。１匹100円以上の観賞用のメダカを購入しましょう。エサ用のメダカしか入手できない場合は、次項の方法でトリートメントしましょう。

8 エサメダカを育てて産卵させよう

時間
2週間～
1カ月程度

手に入りやすいメダカを、卵を産めるまで育てましょう。

ポイント

◉ペットショップで売られている安いメダカ（エサメダカ）は、あまり丈夫ではありません。丁寧に育てることで、どんどん産卵する元気なメダカにしましょう。

準備するもの

◎メダカ◎メチレンブルー（観賞魚の薬）◎水槽◎赤玉土◎カルキ抜き◎水草◎エアレーション器具（エア）◎空気調節用コック◎プラカップ

【まずは薬浴】

①サブの水槽を用意し、１時間程度水合わせ（メダカが入っている水と水槽等の水温を合わせること）をします。

②水槽の水にメチレンブルーを入れてから、メダカを入れます。薬を使うことで、水カビ病等を防ぎます。

③水が臭ってきたら、３分の１～半分程度の水替えをします。７日目前後で、準備していた水槽にメダカだけを移します。

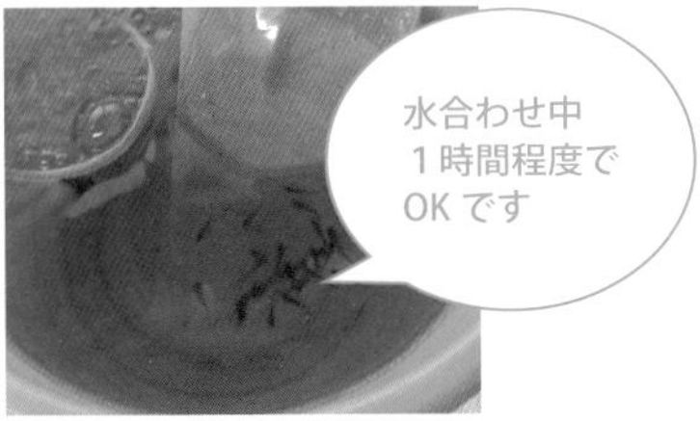
水合わせ中
１時間程度で
OK です

薬浴中
エアを入れて、
エサは少なめに

※薬浴中は、絶対に食べ残さない量でエサを与えます。

※エアは弱く入れます。強いと、エアの影響で死ぬ個体が出ます。

【水槽を用意する（薬浴と並行して）】

①メダカは日光を必要とします。少し日光が当たるように水槽を置きます。当たりすぎると水温が上がるので、板などを置いて日かげをつくります。

②赤玉土をザルに入れ、水につけて軽く揺すります。細かな土を洗い流さないと、水槽の水が濁ります。

③水槽に赤玉土を敷き、水を入れます。土に直接水を当てると、土が崩れて水が濁ります。プラカップなどを置いて、そこに水を当てるようにします。

④水草を入れ、エアも入れて動かしておきます。

下が日かげになる
ようにしています
特に稚魚には
この色の水がよいです

【日々の管理】

①１～２分程度で食べきる量を、１日に４～５回与えます。食べ残しがでると、どんどん水質が悪くなります。

②食べ残しや糞が目立つ場合は、大きなスポイトなどで取り除きます。

③エサを与えすぎなければ、水替えは１～２週間に１度でも間に合います。水が減ったらその分を足します。水が臭うなら、すぐに水を替えます。１度に３分の１～半分を交換します。

・うすい黄色やうすい緑の水が、メダカにとってよい水です。

④何をしても、死ぬ個体は出ます。死んだ個体はすぐに取り除きます。病気の個体は、サブ水槽に隔離して薬浴します。

ザルに入れて
水洗いします

水を直接
土に当てません

・教科書では小石や砂を敷きますが、赤玉土を使うのもおすすめです。微生物のすみかとして赤球土は優秀です。

・メダカの基本的な飼育方法については、「7メダカの飼育」を併せてご覧ください。

やってはいけない

STOP

エサを与えすぎない。一気に水が悪くなります。あげすぎた場合は、網などでエサを取り除きます。水が悪くなるようなら、すぐに水を交換します。

メダカを網ですくわない。別の水槽に入れる時等は、プラコップ等で水ごとすくいます。体が網で傷つくと、水カビ病等になりやすくなります。

9 おすとめすの観察
（受精の学習はビデオで）

教材準備 30分

メダカを横から見る水槽をつくります。
受精は、ネット等の動画資料の活用で。

ポイント

◉メダカの雄雌を区別するために、メダカを横から見られる薄型水槽をつくります。

準備するもの

◎硬くて透明なプラスチック板２枚（厚さ１～２mm、CDケース程度）◎溝のない細いホース（外径10mm程度）◎大きな目玉クリップか強力な洗濯ばさみ４つ以上◎クリアホルダ

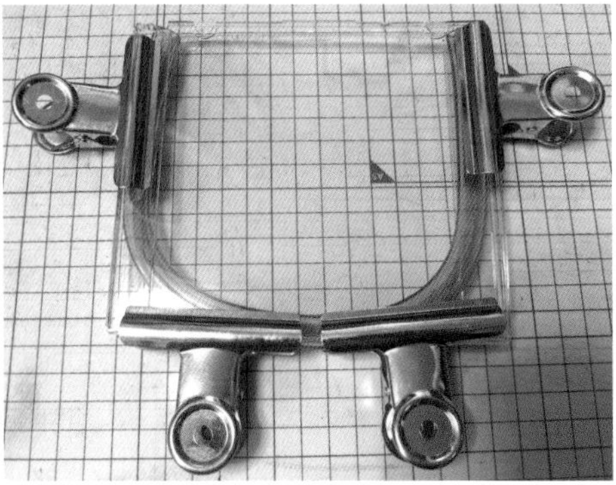

【手順】

①２枚のプラスチック板の間に、ホースを挟みます。このとき、ホースが大きくUを描くようにします。

②ホースごと、目玉クリップで左右と下を挟んで、水槽の完成です。

③クリアホルダを切って二つ折りにした物を水槽に差し、メダカと水を流し込みます。

◆授業前の準備

- 薄型水槽は倒れやすいので、倒れない工夫をお願いします。
- プラスチック板は、CDケースをバラして使ってもかまいません。
- 材料は、ホームセンターや百円ショップ等にあります。
- 準備はできる限り授業前に行います。授業時間では、子どもが観察する時間を充分に確保しましょう。

※薄型水槽は、横山光「自然災害を再現する実験教材の工夫・開発」『北海道立理科教育センター研究紀要 第24号』（2012）を参考にしています。

④班の数程度用意し、時間で区切って移動・観察させます。

【受精学習のポイント】

メダカの産卵・受精は、朝早くに行われます。また、一瞬の出来事なので、見ることができたとしても児童にはわからないでしょう。

受精については、ビデオ教材を活用して、何が行われているのかを理解させる方がよいでしょう。

【手順】

①パソコンで「NHK for School」にアクセスします。

②「メダカ受精」で、クリップを検索します。

③検索結果の動画を視聴して、授業で見せる動画を決めます。

④「この動画へのリンクをコピー」をクリックし、URLを「メモ帳」等でまとめておきます。ブックマークでもかまいません。

⑤授業の際に、必要なURLを開いて、動画を視聴します。

【ビデオ教材で準備するもの】

◎パソコン◎ネット環境◎テレビに映すためのケーブル等

・タブレットが使用できる場合は、「NHK for School」のアプリが便利です。

・「魚　受精」とキーワードを変えると、「サケの産卵」などの動画も出てきます。

やってはいけない STOP

■メダカを網ですくわない

メダカはプラコップなどで水ごとすくいます。体が傷つくと、水カビ病等の原因になります。

事前に教員が視聴していない動画を見せてはいけません。意図しない内容だったり、内容の重複などがあります。

ビデオだけではなく、必ず飼育して、日々の世話をしたり、観察をさせたりします。メダカのすべてを、動画で終わらせてはいけません。

10 メダカの卵の観察

時間
隙間時間
ないしは
1単位
時間

1つを隙間時間で or 各段階を一気に観察します。

ポイント

◉メダカの卵の観察を、何時間も行うのは大変です。学校行事等との兼ね合いで、時間がとれない場合もあります。

◉隙間時間を使った方法（手順A）と、1コマで一気に観察する方法（手順B）をご紹介します。

準備するもの

◎メダカの卵◎解剖顕微鏡（双眼実体顕微鏡やルーペでもよいです）◎シャーレやチャックつきビニール袋◎シャーレが大量に欲しい場合は、プラスチックシャーレ（ディスポシャーレ）が安くておすすめです。

【採卵】

・メダカは、産んだ卵を水草に引っかけます。毎朝、水草を取り出して観察したり触ったりして、卵の有無を確認します。

・毎日確認することで、何日に産んだ卵かを判断します。

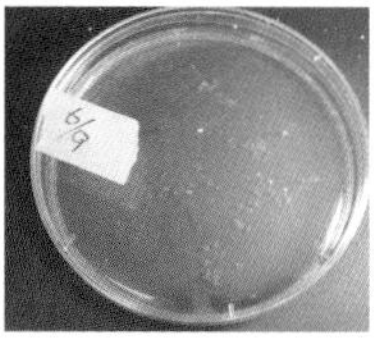

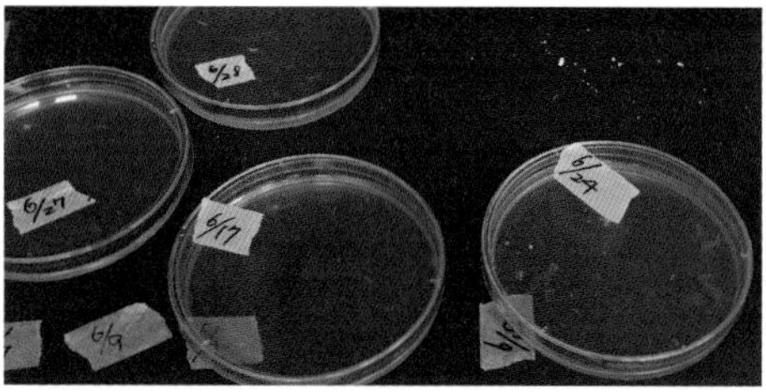

・卵は採卵日をわかるようにして、シャーレ等に入れます。水が減らないようにふたをして、直射日光の当たらない暖かい場所に置いておきます。

・毎日採卵することで、授業の際にちょうどよい段階の卵を見せることができます。

・卵を浸す水は水道水です。適度に塩素が入っているためです。

・ふ化が近い卵は、触るとすぐに壊れてしまいます。別の容器に分ける場合は、手やピンセットで触らず、口の太いスポイト等を使います。

【手順A 隙間時間で観察】

①最近とった卵を使って、解剖顕微鏡等で観察する方法を説明します。

②教室に「観察コーナー」をつくり、自由に解剖顕微鏡等を使って観察ができるようにします。

③隙間時間や休み時間を使って観察をさせ、変化があるたびに記録させます。

【手順B 1コマで一気に観察】

①最近の卵〜ふ化直前の卵まで、観察させたい数や各段階を用意します。児童数や観察器具の数を考えて、卵もそれぞれ複数用意します。

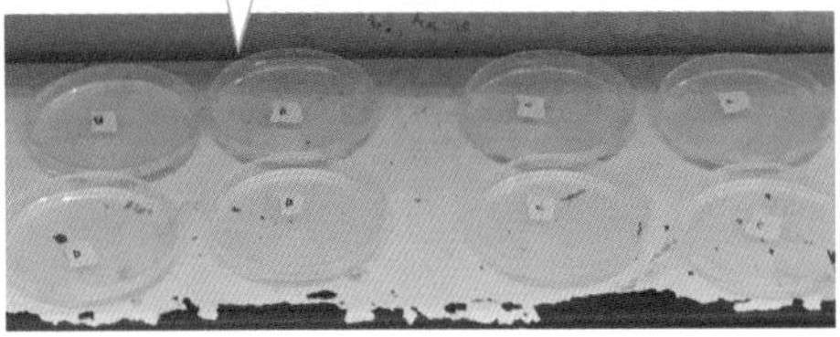

②卵を使って、解剖顕微鏡等で観察する方法を説明します。

③それぞれの段階の卵の観察を行い、記録をします。

・顕微鏡での観察時には、シャーレやチャック付きビニール袋のまま観察できます。

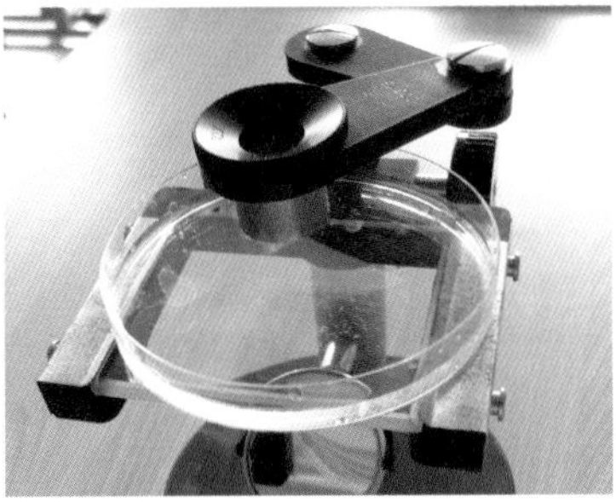

・シェアしたい場合は、スマートフォンなどのカメラで顕微鏡で見えたものを写真で（動画も）撮影できます。

・解剖顕微鏡や双眼実体顕微鏡の台数が少ない場合は、ルーペも使えます。

やってはいけない

STOP

どんなものが見えるかを伝えずに、観察させてはいけません。

教科書の写真を見せながら、どんな様子が見えるかのイメージを持たせます。

写真を見せても、実際の卵では心臓が動いていたり、血液の流れがあったりと、いろいろな発見があります。

11 魚の卵の数を数える

時間
数える
だけで
30分程度

魚はどのくらいの卵を産むのでしょうか。なぜ、たくさん産むのでしょうか。

ポイント

◉魚がどのくらいの卵を産むのかを考え、実際に数えてみます。その数の多さから、自然の厳しさを知り、命の尊さを感じる時間にしましょう。

準備するもの

◎子持ちシシャモ（カラフトシシャモでよいです）◎カッター◎上皿てんびん（電子てんびん）◎シャーレ◎スポイト◎水を入れる容器

【手順】

①シシャモの腹をカッターで切り、卵をすべてとり出し、卵の重さを上皿てんびんで量っておきます。また、1gの卵を量りとっておきます（ここまで事前準備）。

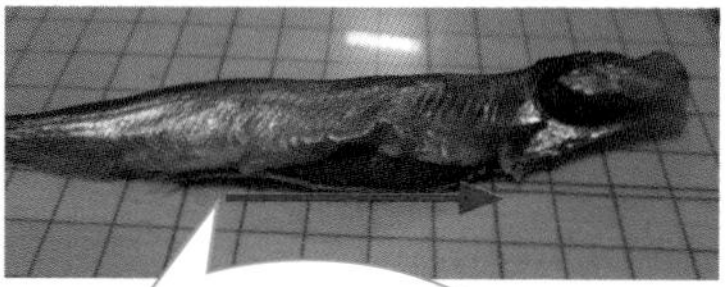

肛門から刃を入れ、
刃を腹側に向けて
エラの間まで切ります

②1匹のシシャモは、どのくらいの卵を産むのでしょうか。

③数える方法として、1gあたりの数を数え、全体の重さをかけることで数を推測できることを説明します。

④1gの卵を、班の数に分けて配ります。

⑤班のシャーレに水を加えて、卵をよくほぐします。

⑥卵の数を数えます。班のシャーレから2～30個をスポイトでとり、個別のシャーレで数えて数を記録します。数えた卵は、記録済みの容器に移します。これを繰り返します。

個別のシャーレの下には、黒い紙などを敷くと見やすくなります。また、1人1つのスポイトが用意できれば、スポイトで吸いながら数えると間違いが少ないです。

・カラフトシシャモは安価でいつでも手に入ります。地域でちょうどよい魚が手に入れば、もちろんそれで構いません。

・クラスの実態や人数を考慮して、1gではなくもっと少ない量を数えてもかまいません。

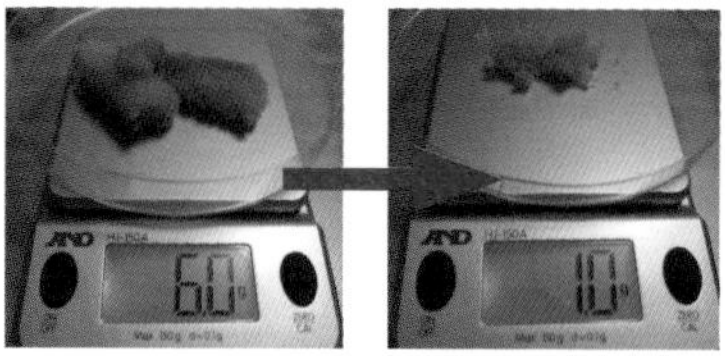

⑦１gの数がわかったら、卵の重さをかけて、全体の数を計算します。
（ウィキペディアによりますと、カラフトシシャモの産卵数は6,000 ～ 1万2,000個。右の写真の時には、1万4,076個という計算になりました。）
人間やイヌ・ネコ等とは比較にならない数であることがわかります。

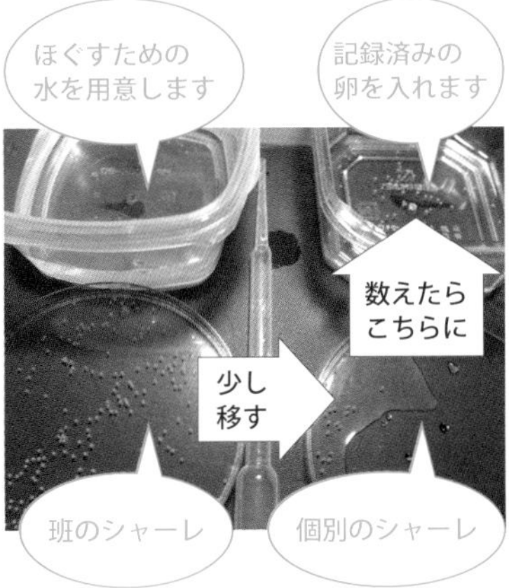

【まとめ】

なぜそれだけの卵が必要なのかを考えます。それだけの卵がすべて大人になったら、海は魚だらけになります。しかし、そうはなっていません。ということは、何が起きているのでしょうか。

他の生き物のエサになったり、病気や不慮の事故で死んだり。いろいろな理由があって、大人になれるのはほんのわずかであることに気付かせます。そして、そこから命の大切さを考えさせましょう。

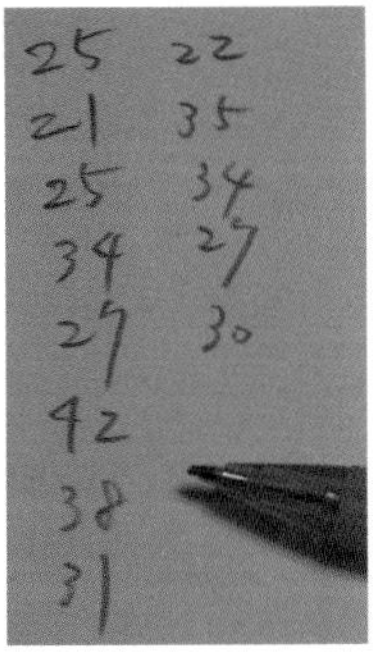

・シャーレの数が用意できない場合は、給食のデザートのカップ等で代用できます。卵が見やすくなるよう、底に色を塗るなどの工夫をしてください。
・計算は、電卓を使いましょう。

やってはいけない

STOP

1g 単位の電子ばかりで計ってはいけません。わずかな重さを量るので、0.1g が量れる道具が必要です。小学校の理科室であれば、上皿てんびんが最も正確に量れる道具でしょう。

12 卵の観察に使える双眼実体顕微鏡

時間 1単位時間

双眼実体顕微鏡の使い方に慣れさせます。

ポイント

◉双眼実体顕微鏡は低倍率で立体的に観察できる道具です。操作方法を理解して、迫力のある観察ができるようにします。

準備するもの

◎双眼実体顕微鏡◎眼鏡ふき◎蝶の羽◎定規等

①接眼レンズの幅を合わせる

両目で見ている物が、1つの像に重なるように、プリズムケースを調節します。

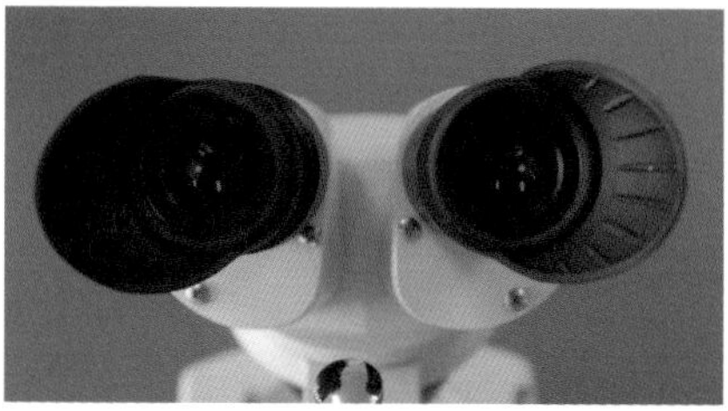

②視度調節リングを合わせる

右目でのぞきながら、調節ねじを回して標本に焦点を合わせます。左側をのぞきながら、はっきり見えるように視度調節リングを回します。

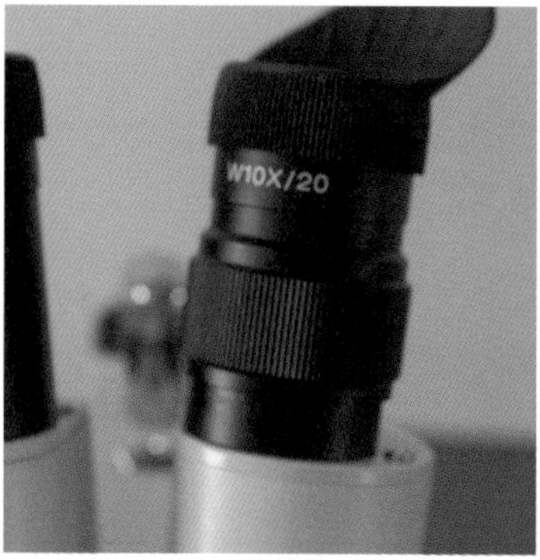

◆事前準備

背面にあるクランプを調節して、標本に焦点が合う高さにします。目安としてステージに10円玉２枚を重ねた時に、焦点が合う高さとします。

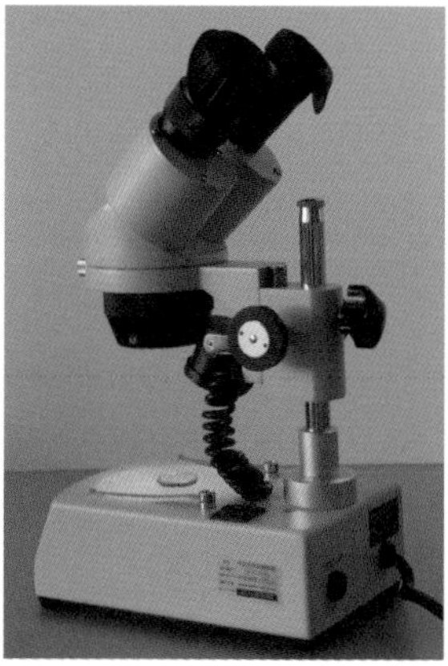

◆①と②の操作

事前に①と②の調節をしておけば、③④の操作で観察ができます。

③観察する物を動かす

対物レンズの真下に、標本がくるようにします。再度、調節ねじを回して標本に焦点を合わせます。

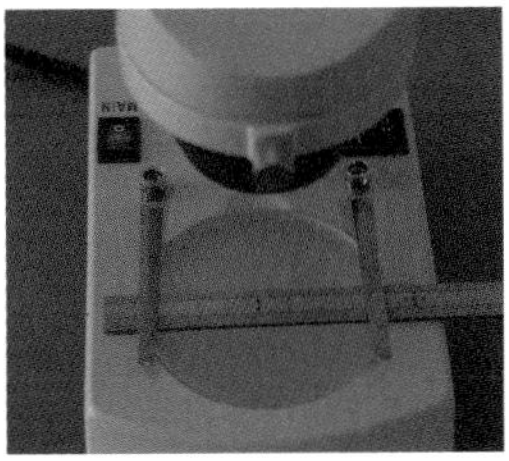

④定規の目盛り

目盛りを観察することで、視野の大きさが理解できます。

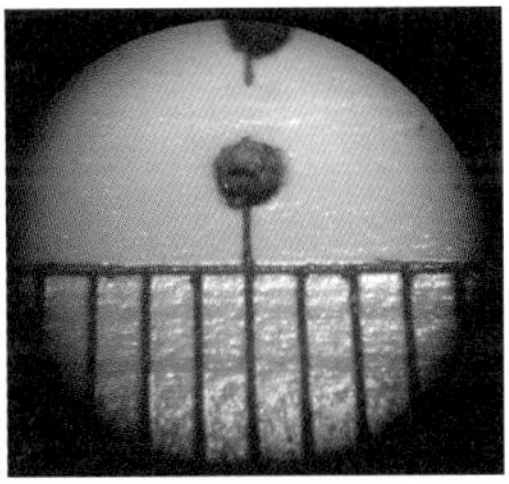

⑤10円玉

◆ステージの交換

ステージは、白黒の板です。観察対象によって色を選びます。機種によっては、ねじで固定されているので、ねじを緩めて交換します。

◆調節ねじの調整

調節ねじが緩むと、本体が降りてきます。専用スパナで調節ねじを締めなおします。

◆光源の選択

直射日光が当たらない明るい場所が最適です。百円ショップで売られているLEDランプをスタンドで固定すると、白色光源として利用できます。

◆手入れ

接眼レンズの汚れは、眼鏡ふきでぬぐいます。濡れた部分はから拭きして、乾燥した場所で保管します。

やってはいけない

■手入れをしないこと

クランプ（粗動ねじ）を動かすことを知っていないと、調節ねじを動かしてもピントが合いません。

COLUMN

動物のふえ方

体外受精といって、メダカのようにめすが卵を産み、おすが精子をかけて受精するしくみがあります。

メダカは確実に受精するために、おすの背びれの切れ込みでめすをロックし、大きなしりびれで卵を包み込むようにして精子をかけます。メダカのおすのひれの特徴は、受精に役立つ特徴なのです。

逆にいえば、確実に受精させるために、体外受精する動物たちは苦労しているのです。

カエルも体外受精する動物です。「カエルは、おすがめすの体の上に乗って受精する」ということを知っていると、「交尾、体内受精ではないのか」と思うこともあるでしょう。そのように書いてあるインターネットの記事もたくさんあります。しかし、カエルのめすが卵を産むと、おすが上から精子をかけています。このように、体の外で受精するので体外受精です。交尾ではありません。抱きついている様子を、包接といいます。

体外受精できないのは、外から精子をかけることができない場合です。

例えばニワトリの卵は、外から精子をかけても殻に阻まれて受精することができません。その代わり、乾燥に強い卵になります。

ニワトリは、受精しなくても卵を産むことができます。これは、ヒトでいうところの排卵と同じなので、授精は必要ないのです。受精していないので、無精卵といいます。

ニワトリの体の中に卵の黄身のような物があります。殻は後からできます。この卵の黄身のところに精子を届けるのが、体内受精です。

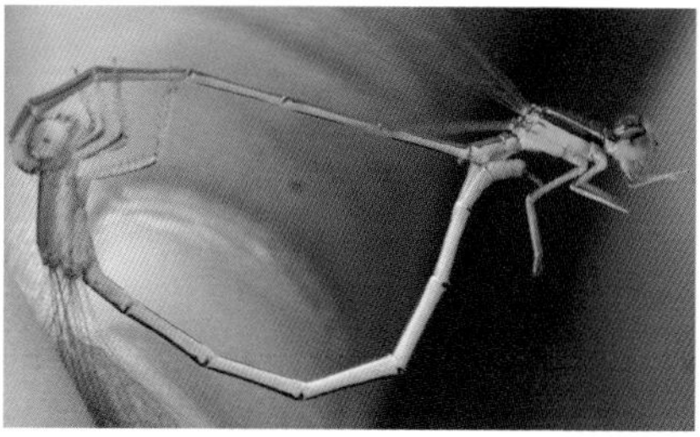

体内受精は昆虫でも行っています。右がおすで精子をめすの腹に送っています（アジアイトトンボ）。

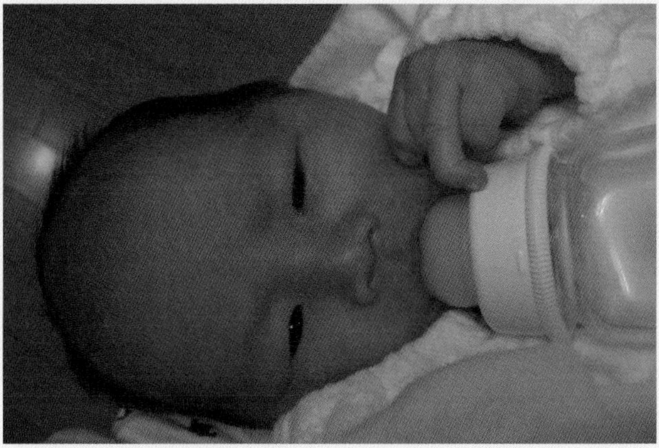

生まれたばかりの赤ちゃんには歯がありません。
そのため、液体の栄養を与える必要があります。

4章 ヒトの誕生

◉これだけは押さえたい

ヒトの生命も、受精をして誕生すること。

ヒトの受精卵は、子宮の中で養分を与えられることで大きく育つこと。

◉指導のポイント

受精に至る過程を扱えませんが、ヒトも受精をして誕生します。せっかく４年生の体育で「初経」「精通」等を学習したのに、この単元の理科の教科書には反映されないことが多いようです。保健の教科書も参考資料として使ってはどうでしょうか。

ヒトの誕生とメダカの誕生では、大きさの変化が全く違います。受精卵と大して大きさが変わらないメダカに対して、ヒトは桁違い（5000倍）に大きくなります。

その違いはどこにあるかというと、栄養です。卵は外部から栄養を摂らないのに対し、子宮の中で育つ受精卵は胎盤・へその緒を通し栄養を摂っています。だから、0.1mmの受精卵が500mmの胎児になれるのです。

しかし、そこまで育ってもまだヒトは「小さなヒト」ではありません。ヒトとして未完成なところがいろいろあります。だから、世話をする必要があるのです。

13 胎児の観察

時間 1単位時間

ヒトの子は母体の中で育って生まれるという観点で、胎児の観察をします。
大事なのは、外部から栄養をとりながら育つことです。

ポイント

◉母体の中で栄養をもらいながら育つことがわかるようにします。
◉教科書で、十分調べ学習ができます。

準備するもの

◎赤ちゃんの人形標本◎１円玉◎ペットボトル◎ビデオクリップ（NHK for School）等を見せることができる設備

受精卵

受精卵は、子宮に着床します。

胎盤

着床した受精卵に、子宮から栄養が渡されます。しかし、母親の血液中の栄養が直接胎児にいくと、血液型が違った場合は大問題が起きます。

そこで、母親の血液から栄養をとり出し、その栄養を胎児の血液に受け渡す器官が必要になります。それが、胎盤です。

これにより、母と子の血液が混じることはありません。

胎盤とへその緒（人形標本）です。

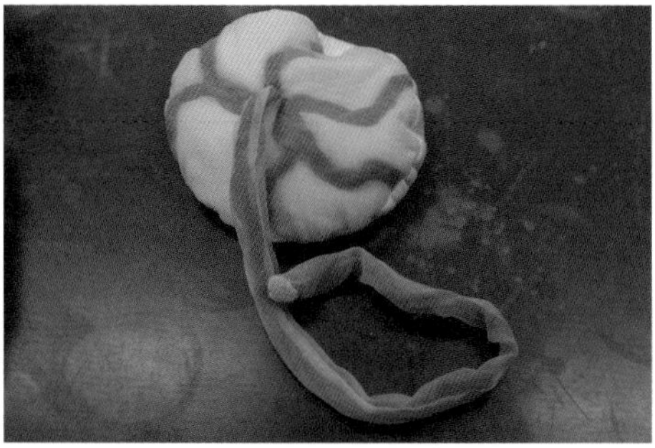

◆授業展開

受精卵の大きさを教科書で調べさせます。0.1mm程度です。それが50cm（5,000倍！）に育って生まれます。

「受精卵が5,000倍に大きく育って生まれてくる様子を調べよう」

教科書を使って図と文でまとめます。大体ノート２ページぐらいと目安を示します。また、どこから調べるのか、教科書のページ数も示しておきます。最低限、左側のマーカーが塗ってある言葉は、調べるようにします。実態によって、何を調べるのかをワークシートで示すとよいでしょう。

へその緒

へその緒は、胎盤と胎児を結ぶ物です。血液が流れていて、栄養等を運びます。

新生児の重さも体感させましょう。「１gに満たない受精卵がここまで重くなるんだ」と思いながら持つように指導します。

比較のために、胎児の重さも体感させます。１円玉を４個用意して、「こちらは４週間目の胎児の重さです」と持たせましょう。その後34週間で３kgになります。

模型がない場合には、３kgの砂袋に赤ちゃんの写真を貼る等して自作します。また、教科書に「およそ○週間で○ｇくらい」（例 20週で650g）等と書いてあるので、その重さを確かめられるように、ペットボトルに水を入れた物を用意しておきます。

ただし、胎盤の大きさ、胎児の重さ等は、数字を見てもピンときません。そこで、模型を持たせることで実感できるようにします。持ってみた感想等も、書き込ませます。

残り10分ほどになったら、ビデオを見せます。受精の瞬間や誕生の瞬間等は、「NHK for School」のビデオクリップで紹介します。いくつかあるので、目的に合う物を選択して見せましょう。

その後、学習のまとめを書かせますが、課題に合うキーワード（受精卵、胎盤、へその緒など）が含まれるようにします。

学習のまとめ

メダカと違って5,000倍になる理由は、栄養を外からもらうためです。胎盤、へその緒を通して母親から栄養をもらって大きく育つのです。４週間の赤ちゃんは、とても軽かったです。４週で心臓が動き、24週になると羊水の中で体を回転させながら動きます。そして、約38週で生まれてくることがわかりました。

14 誕生したヒトの観察

時間
1単位時間

単元のまとめをする時に、子宮の中の様子だけでなく、誕生したヒトの様子も観察すると、興味が深まります。

ポイント

◉生まれたばかりのヒトの赤ちゃんを見る観点を示します。

準備するもの

◎赤ちゃんのころの写真（用意できる家庭）◎このページの写真を拡大できる装置

生後1カ月未満の赤ちゃんです。

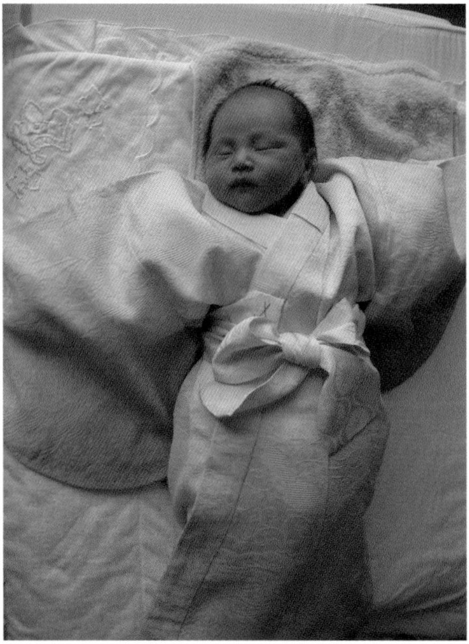

帯の結び具合から、頭の幅と胴の幅がほぼ同じであることがわかります。教科書や持参した写真も、生まれたばかりなら頭の幅と肩幅がほぼ同じです。

生まれてくるには、私たちが今持っている幅の広い肩や腰は、狭い産道を通るのに不都合です。

受精卵が育っていく様子を調べてまとめる活動の前に、生まれたばかりの赤ちゃんを見る観点を与えます。すると、教科書の図や写真が興味深く見えてきます。

◆授業展開

教科書の生まれたばかりの赤ちゃんの写真を提示して、

「この赤ちゃんの体が自分と違っているところはどこでしょう」

と問います。

身長、体重という意見が出るでしょう。まず、そこから見ていきましょう。

「大きくなるには、栄養をとらなければなりません。赤ちゃんの口に歯はありますか」

ないので、固体を食べられま

頭の幅以下であることが、生まれるためには大切です。

足には土踏まずがあります。でも、まだ十分には発達していません。ヒトの赤ちゃんは未完成のまま生まれてくるのです。

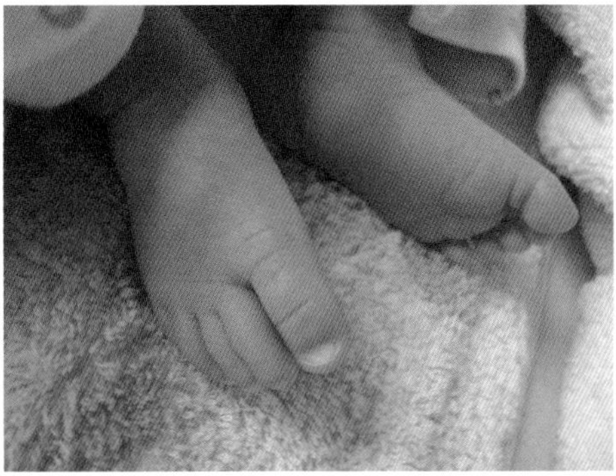

ここまで学習してから、子宮の中での育ち方をまとめる教科書の課題に取り組んでみましょう。

子宮の中で脳が大きく育ってくることに、改めて気付くでしょう。

メダカの赤ちゃんは体に養分の入った袋がありますが、ヒトは周りの大人が養分を与えて育てます。この時、重い頭は優しく支えます。

せん。大きさ以外に違いがあります。

「頭の幅と肩の幅、私たちは肩の幅の方がずっと広いですが、赤ちゃんの場合はどうでしょう」

大して変わらないです。子宮から出てくるのに幅が広くない方が有利だからです。

「腰の幅は、どうでしょう」

腰も、頭の幅と大して変わりません。これでは、生まれる時には便利でも、歩く時に体重を支えることはできません。２本足で立つことは不可能です。

「土踏まずは発達していますか」

写真のように、発達していません。

２本足で歩くには、足腰の骨もこの状態から相当頑丈に育つ必要があります。

ここまでわかってから、受精卵がどう育って誕生するか調べていきます。

やってはいけない

見る観点がないと、興味が半減します。胎児は頭が先に大きくなり、生まれてからも足腰が育つことが見えません。

COLUMN

ヒトの誕生　縫合の話

ヒトが誕生する時には、子宮から産道を通って出てきます。その点は、他のほ乳類と同じです。

誕生する時は、産道が柔らかく広い方がよいです。しかし、それでは産道から水や汚れた物などの侵入を許すことになります。そこで、産道は、誕生するとき以外は固く閉じて中の胎児を守ります。

体は、このように相矛盾することをうまく解決するようにできています。

胎児は、生まれる前に、頭を下にして子宮の中にいるのが普通です。誕生することだけを考えたら、頭は小さい方がよいです。しかし、それでは脳の発達したほ乳類、その中でも特に脳の発達したヒトになれません。

この矛盾を、どのように解決しているのでしょうか。

それは、骨のつくりで解決しています。頭の脳を守るためには、頑丈なヘルメットのような骨が必要です。しかし、それでは産道を通りにくくなります。そこで、頑丈だけど産道を通りやすい骨のつくりをしています。

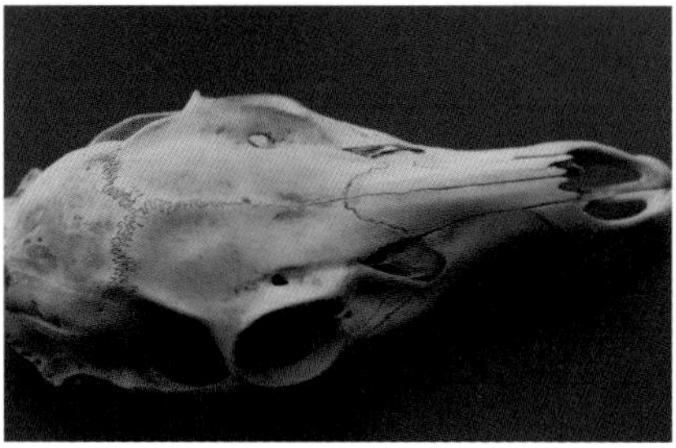

上の写真は、シカの頭の骨です。頑丈で、脳を守っていることがわかります。ヒトと比べて鼻が前に伸びています。

でも、注目してほしいのは、筋です。切れ目のようなひびのようなものが入っています。

胎児の頭骨は何枚かの骨に分かれていて、そのつなぎ目を縫合といいます。そのつなぎ目が動くことにより、産道を通りやすくなるのです。

誕生後、しばらくすると、縫合はがっちりとつながり、動くことはなくなります。

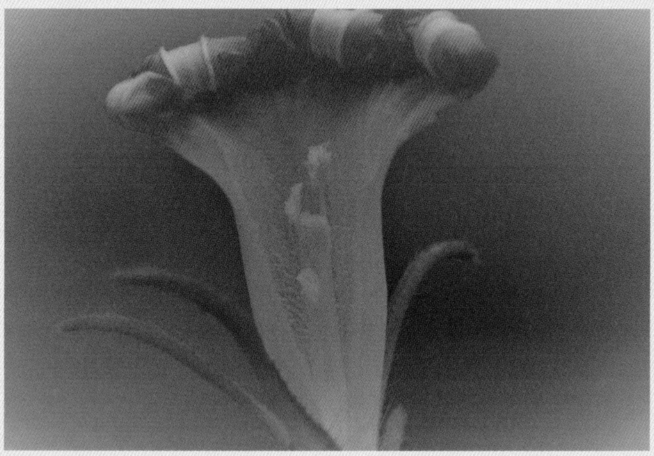

花びらより雄しべと雌しべに注目。

5章 植物のふえ方

◉これだけは押さえたい

- 花が咲くと、雌しべの先に雄しべから出た花粉がつき、受粉すること。
- 受粉した後、雌しべの元が膨らんで実になること。
- 実の中に種子があること。

◉指導のポイント

- 子どもたちの素朴な考えとして、「花は人の目を楽しませるために咲く」ということがあります。見た目がきれいなところに意味があるというものです。
- しかし、花は植物にとって子孫を残すための器官です。見た目がきれいかどうかは二の次なのです。そこで、花と実の関係がわかる多様な例を「花と実の関係（1）～（4）」と示しました。イネの花は見た目がきれいではないけれど、子孫を残すために必要な雄しべと雌しべがちゃんとあります。残念ながら、咲くのは夏休み中になるので、実物の観察ができないのがネックです。
- 受粉実験に関しては、ご自分で試して納得がいってから実施してください。しかし、あまり積極的にはおすすめしません。視聴覚教材を利用しましょう。その分、花を分解してよく観察したり、花粉を顕微鏡で見たりすることをおすすめします。

15 受粉実験

時間
ビデオの
視聴
5分

実験にはこだわらず、視聴覚資料を有効に利用します。
ようは、実になるには受粉が必要であることが理解できればよいのです。

ポイント

◉自分の手でやる実験へのこだわりを捨てます。
◉花を解剖して観察します。

準備するもの

◎視聴覚資料◎虫眼鏡等

つぼみを分解して、雄しべや雌しべの観察をしましょう。

つぼみ

つぼみは雌しべが長く、未受粉。

アサガオの受粉は、早朝に行われます。そのため、雄しべを取り去るのは、前日になります。

明日が初めての開花であろうという花を見つけ、雄しべを切り取っておく必要があります。

そうでないと、雄しべの方が成長した後から雌しべが伸びてくるので、確実に自家受粉してしまいます。

アサガオは、自家受粉する植物であるので、袋をかぶせるだけでは比較ができないのです。

結果が出るまでにも、数日間待たされます。そこで、受粉実験はあきらめて、視聴覚教材に任せることにしましょう。

その代わり、観察させます。

花を虫眼鏡や双眼実体顕微鏡で見るだけでも、写真のように花粉がついていることがわかり

咲いている花なら、花粉の観察ができます。雄しべが雌しべより伸び、受粉します。

ます。真ん中の丸いのが雌しべで、周りにあるのが雄しべです。花粉は、細かいつぶつぶです。

雌しべの先に触ってみましょう。べたべたしていることが多いです。これは、花粉をくっつけるためだと想像ができます。

また、受粉が必要な例を見つけさせるとよいでしょう。「冬にビニールハウスでイチゴをつくる時に、ある生物を使います。なぜでしょう」などと問い、「イチゴも受粉が必要だから、ミツバチを入れて受粉させているに違いない」と想像させる方が意味があります。

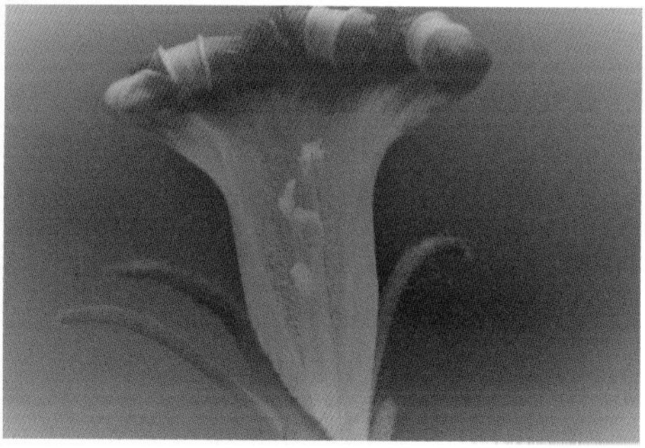

花を分解すると、雄しべ、雌しべがよく見えます。

○「NHK for School」等のビデオクリップを、見せることができます。

アサガオが中学校編に入っていることもあります。見せる前には、「花が咲いても実やタネができないことがあります。それはなぜだと思いますか」と問いかけ、疑問を持たせてから見せます。

やってはいけない

■子どもに受粉実験をさせること

うまくいかずに落胆することがあります。教師が自分でやってみて、うまくいってからにします。うまくいかなかったら、そっとしておきます。

なお、見せるビデオの内容は教師が確認しておきます。

16 花と実の関係（1）

時間
15分
〜
1単位時間

花は、子孫を残すための大事な器官であるという学習にするには、
春に行うのが一番です。雄しべと雌しべを観察しましょう。

ポイント

- **◉花には雄しべ、雌しべがあることを観察します。**
- **◉花が咲いて実ができる、実ができたなら花が咲いたという理解ができるようにします。**

準備するもの

◎花◎虫眼鏡◎たくさんの花の写真

春は、花がたくさん咲いています。「○○に、花は咲くでしょうか」と問いかけて、観察してみましょう。

例えば、左はカエデの花です。

カエデに花が咲くのかと驚く子どももたくさんいます。ですので、よく観察させてください。

真ん中にニョキッと伸びた雌しべが見られます。雄しべや雌しべがあると、花だという証拠になります。

これは雌花で、後で実ができてきます。もちろん、雄しべだけの雄花も別にあります。

カエデは花の期間が短く、しかも目立たないので、見つけたら雄花と雌花の両方を写真に納めましょう。

シャガというアヤメの仲間の花があります。

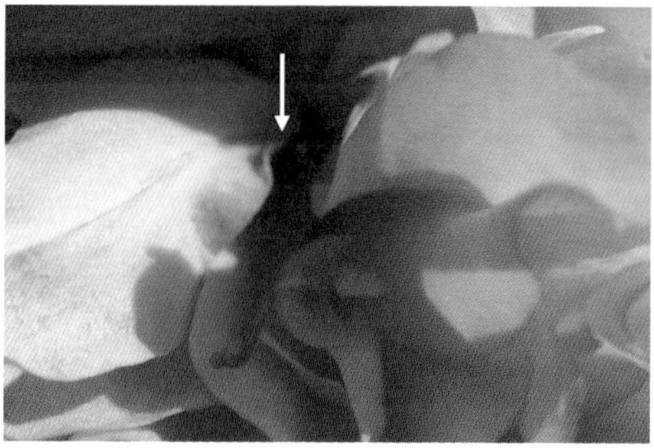

見たところ、花びらはあるけれど、雄しべと雌しべがわかりにくくなっています。

しかし、詳しく見ると、細いひものような物がたくさん出ています。

これが、雌しべです。

では雄しべがどこにあるか、分解して探すのもよいでしょう。雄しべには、先に花粉がありますのでわかります。

桜の観察は４年生でやったかもしれませんが、雄しべと雌しべまで意識がいっていないことが多いです。

ニワザクラのような八重咲きの場合、雄しべ、雌しべは見えません。花びらをかきわけると、写真のように見えてきます。

春のうちに、たくさんの花を撮影しておきましょう。雄しべや雌しべにピントを合わせた物を用意しておくと、後でも学習ができます（校庭で見られる植物を、使える時間内で観察させましょう）。

やってはいけない STOP

■雄しべや雌しべを意識させない観察

花を観察する時には、必ず雄しべや雌しべ（花粉）を観察させるようにします。花の役割がだんだんわかります。

17 花と実の関係（2）

時間
15分
～
1単位時間

花の中に雄しべや雌しべがあるとわかれば、花らしくない花も見つけることができます。

ポイント

- **雄しべ・雌しべを観察します。**
- **花は実やタネを作るために咲くと考えられるようにしていきます。**

準備するもの

◎花◎虫眼鏡◎たくさんの花の写真（A4サイズ　パソコン画面等でもよいです）

これらの花を見つけたら、子どもたちに紹介しましょう。１つ示すだけでも興味を持ちます。

５月の関東は、たくさんの花に囲まれます。ぜひ、「○○には花が咲くか」と問いかけ、観察させたいところです。

写真（左上）は、クスノキの花です。５月頃、クスノキにも花が咲くのですが、その気になって見ない限り、見落としてしまいます。

写真を見せてから、本物を探させるようにします。

この写真（左下）は、カキの花です。カキの実は見たことがあっても、カキの花を見たことがある子は少ないです。カキの栽培が盛んな土地でも、子どもたちはカキの花を気にすることは少ないです。「摘花」と言っても、ピンとこないようです。

写真は、花に来る虫も撮っています。こうすると、虫を介し

イネ科植物の花がたくさん見られる時期に観察すると、「こんな雑草にも花が咲くのか」とびっくりします。学校で栽培しているなら、イネの花の咲く頃に、ぜひ写真を撮っておきましょう。

て受粉することが、推察できます。

5月はイネ科植物の花がたくさん咲きます。

写真（左上）は、シバの花です。花らしくありませんが、雄しべ、雌しべが出ていることでわかります。

これは、イヌムギ（写真、左中）。よく見かける野草です。

この穂の部分が花であることは、雄しべが出ていることでわかります。こうやって花粉をまき散らすのです。

5月には、ドングリの木（シイ等）にも注目です（写真、左下）。やはり、花が咲いています。大きく目立つのは、雄花です。雌花はあまり目立ちませんが、いかにもドングリの花という形をしています。

ぜひ、見つけたいものです。

やってはいけない STOP

雄しべや雌しべを見せずに、「花だ」と教えるだけでは、納得しないでしょう。

18 花と実の関係（3）

時間
15分
～
1単位時間

7～9月に学習する場合も、教科書の植物だけでなく、その時期に咲いている植物も観察させていきましょう。

ポイント

◉身近な植物の雄しべや雌しべを観察します。
◉写真（パソコンの画面でもよいです）で見所を示してから本物の観察をします。

準備するもの

◎花◎虫眼鏡◎たくさんの花の写真（A4サイズ）

オシロイバナの花

オシロイバナの実（黒い物は実で、中にタネがあります）。

「花の雌しべを見つけよう」と言って観察します。身近な植物に目を向けさせるのがねらいです。１つでもよいので、教科書の植物の他に観察させましょう。

　夏から秋にかけて、花が咲いて実ができる様子が見やすいのは、オシロイバナです。

　花が咲いた後に（受粉して）実ができることを観察していきましょう。

　秋にもセイヨウタンポポが咲きます。たくさんの雌しべが突き出ています。先が２つに分かれているのがそうです。

コスモスの花

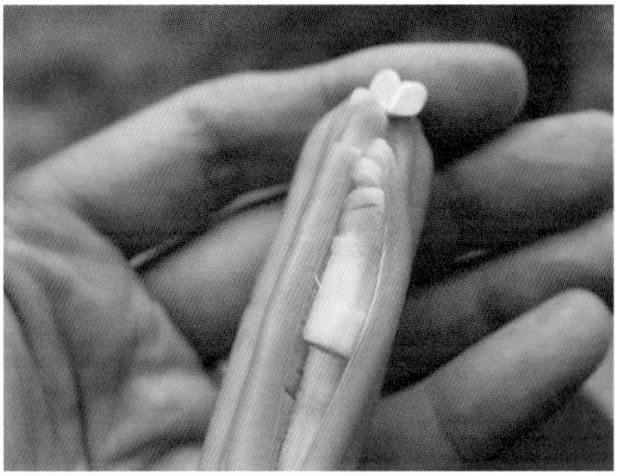

ユリの実（うすく小さいタネがたくさん入っています）。

ユリの花にも雄しべと雌しべがあります。

コスモスも秋に咲きます。真ん中の部分は、たくさんの花の集まりです。

たくさんの雌しべが見つかります。タンポポの雌しべと同じ形です。虫がやってきて受粉の手助けをします。

虫眼鏡で、雌しべを観察しましょう。

ユリの花が終わった後、実ができています。割ってみると、うすくて小さなタネが、びっしり入っています。

チューリップもユリ科なので、実やタネの形は似ています。

ユリの花は、最初、雄しべが伸びて後から雌しべが伸びてきます。アサガオとはこんなところが違っています。

やってはいけない

受粉すると実やタネができることを、１種類の植物で教えてはいけません。

ぜひ、「この花にも雌しべがあった」という発見を子どもたちとしてください。学んだことを活用できて喜びます。

19 花と実の関係（４）
（イネの花）

時間 1単位時間

受粉のことがわかったら、見てもわかりづらいイネの花の存在を予言させてあげたいです。そのための授業です。

ポイント

◉受粉のことがわかってから取り組みます。
◉社会科の学習と結びつけます。

準備するもの

◎イネ◎この本の写真◎実物投影機◎ビデオクリップ「NHK for School」等を見せることができる設備

できるだけ写真ではなく、本物を２、３本用意します。

花には、がく、花びら、雄しべ、雌しべ等があります。そのうち、受粉に不可欠なのが雄しべや雌しべです。その理解がないと、イネの花を見つけることはできません。

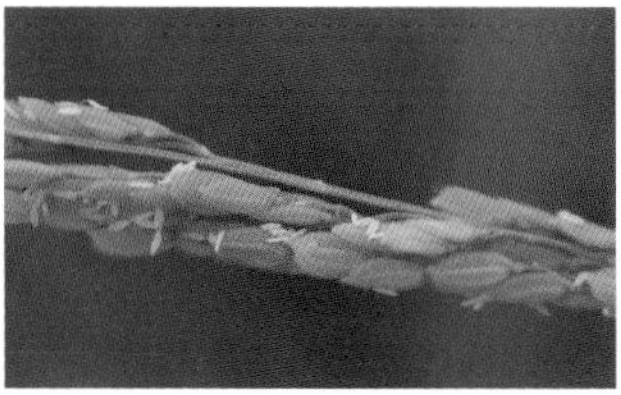

イネに雄しべや雌しべがあるのかを調べていきましょう。

稲の穂を提示して、発問します。この時、できるだけ実物を用意します（９月実施の場合）。

「イネに花はありますか」

自分の考えをノートに書かせて、話し合いをします。

「ない。見たことがない」
「ない。花が咲くという話を聞いたことがない」
「ある。花がなければ、お米ができない」
「ある。花がなければ、どうやって子孫を残すのか」
「米粒のなっているところが、あやしそうだ」

このような意見が予想されます。実験の前に、確認をします。

穂のところに何か出ています。

これが、イネの雄しべです。

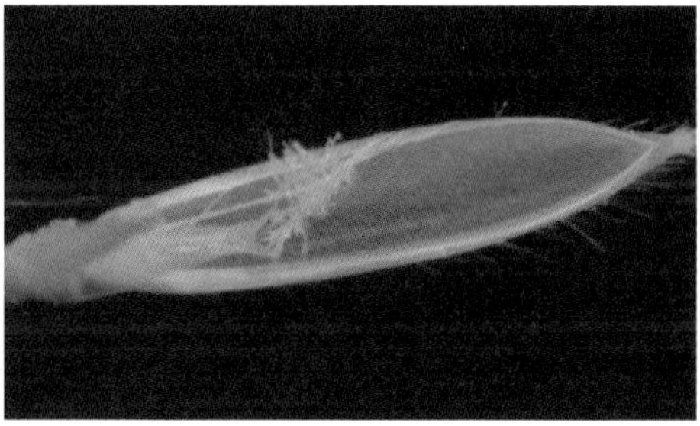

これが雌しべです。

羽についた花粉を拭き取っているところ。

「最低限、何があれば、花があったことになりますか」

「雄しべや雌しべです」

穂のところから出ている白い物を拡大してみましょう。イネの雄しべが見えました。

穂のところを分解して、中を見てみましょう。先端に毛のような物があり、元の方に緑の塊のような物があります。雌しべです。毛のような物は、花粉がつくための雌しべの先の部分（柱頭）です。

「雄しべと雌しべがありました。では、本当に花粉が飛んでいるのでしょうか」と問いかけて、空中散布の時に、羽についた花粉を拭き取っていることを知らせます。

この後、NHKの動画（「NHK for School」等）で、イネの花が咲いて受粉する様子を見せます。社会のクリップにもそれがあります。

やってはいけない STOP

教師の話だけですませてはいけません。できるだけ写真を大きくして見せましょう。

20 顕微鏡の使い方（花粉の観察）

「上下左右反対に見える」など日常経験のない現象に慣れてから観察をしましょう。

時間 1単位時間

ポイント

◉市販の練習用プレパラート等いろいろな練習用プレパラートがあります。今回は岩手県立総合教育センターホームページ「顕微鏡練習用プレパラートの使い方」を利用しています。

準備するもの

◎顕微鏡◎ 練習用プレパラート（顕微鏡の台数分）◎ 全員で見る花粉◎事前に花粉を撮影しておいた写真（または、顕微鏡で見ている映像をテレビや電子黒板に投影できる機器）

印刷したシートをブックカバーの透明シートで貼りつけます。

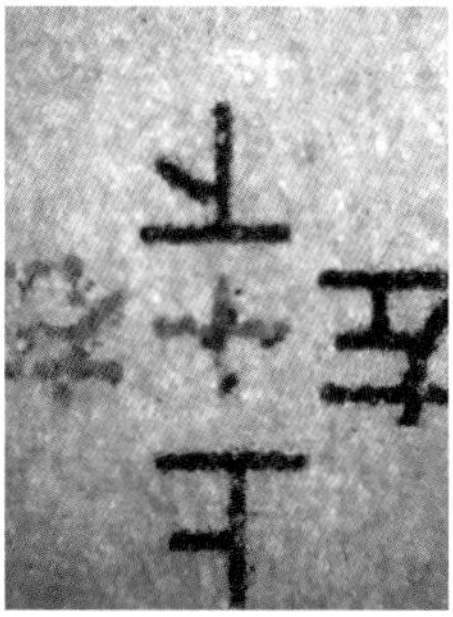

上の写真のように、顕微鏡によっては上下や左右が逆に見える機種があることを教えます。プレパラートを動かすときには見える物と動かす向きが逆になることがあることを実感させます。

◆使い方の指導

顕微鏡を準備させ、使い方を教えます。

手順は、

①光を入れる
②見るものをのせる
③対物レンズを近づける
④遠ざけながらピントを合わせる

※操作する部分を実際に動かしながら説明します。

◆練習用プレパラートを使用して練習

1　練習用プレパラートの上下左右が書いてある部分を観察させます。

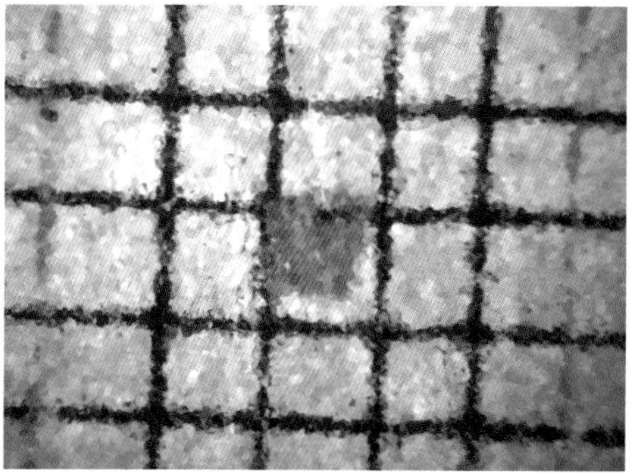

赤いマスにピントを合わせる練習をすると、見えている範囲がどのくらいかイメージすることができます。

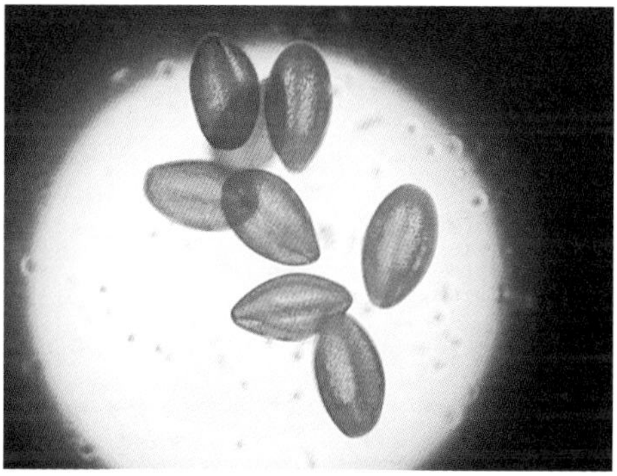

ヘチマの花粉（写真は倍率100倍）

先にこのようなものが見えるということを教えておかないと、別のものを花粉と思い込むことがあります。また、最初は全員が同じ花粉を観察することで、お互いに見えたものが花粉かどうかを確かめ合うことができます。

正確に観察できた子は見たい花の花粉をとって観察させましょう。

2　赤いマスと青いマスを観察させます。マスが中央にあり、ピントがあっていたら「合格」と伝え、次に赤いマスを中心に合わせるように指示します。各顕微鏡をまわり合格者を増やしていきます。

3　複数の対物レンズがあり、見える大きさが異なることを教えます。最初に最も低い倍率で見るものを中央に合わせ、次に倍率を上げることを教えます。

◆花粉の観察

花粉を撮影した写真や実際に見える映像を投影し、「これを探そう」と伝えます。

やってはいけない

何が見えるか教えずに観察させてはいけません。見たこともない花粉を探すと、ほこりや傷を花粉と間違います。

レンズをのぞく際、のぞいている方と反対の目を閉じがちです。両目とも開けて観察します。

COLUMN

植物のふえ方　ジャガイモの実

植物と動物の違いはいろいろありますが、ふえ方も違います。

動物は卵や子どもでふえますが、植物は種子や胞子でふえます。

魚は動物でないと思っている子もいます。しかし、何でふえるかを問うと、トカゲや鳥と同じように卵でふえることに気がつきます。昆虫も卵でふえるので、動物です。

こうなると、「イモを植えるジャガイモは、種子でふえるのが植物だとしたらどうなのだ」ということになります。

種子ができるには、受粉が必要です。受粉するには、雄しべと雌しべが必要です。ジャガイモはどうでしょうか。

ジャガイモに花が咲く様子は、よく見られる光景です。花があれば受粉して実ができるでしょう。

ところが、ジャガイモは人の手で品種改良されていて、イモが大きくなる代わりに実ができにくくなっているのです。

しかし、トウヤやキタアカリという品種だと、比較的実ができやすいところがあります。写真を見ると、「トマトではないか？」と思ってしまいます。トマトもジャガイモもナス科で親戚のようなものなので、実の形が似ているのかもしれません。

さらに、実を切ってみると、中に種子がありました。種子の形は、ナスやトマトの種子とほぼ同じ形です。「種類が同じ」というのは、種子の形まで似ていることなのです。

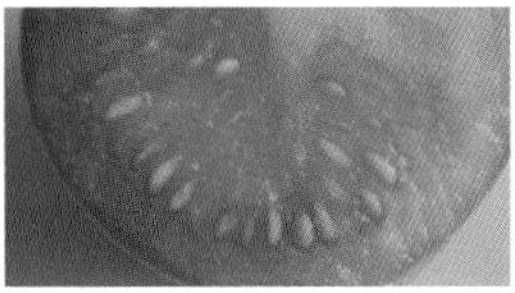

栽培するにはイモがよいとしても、やはり花を咲かせる以上、種子でふえるのです。

堆積作用（低くなっているところに土砂が堆積）

侵食作用

6章 流水のはたらき

◉これだけは押さえたい

- 流れる水には、侵食、運搬、堆積という３つの作用があること。
- 侵食、運搬の２つの作用は、水の流れが速い時に大きくなること。逆に堆積作用は、流れが緩やかな時に大きくなること。
- 流れる水のはたらきで、現実に土地が変化したり災害が起きたりすること。

◉指導のポイント

- 流水の三作用のうち、侵食作用は見てわかりやすいです。侵食を受けたところはけずられ崩されているからです。運搬作用は、砂等が流されているところを見つける以外に、水が濁っていることでわかります。濁った水をためておくと、泥が沈みます。つまり、泥を運んでいるのです。
- 堆積作用も、校庭の土砂が側溝に流れ込んでいるところなどで見られますが、意外に舗装されたところのへこんだところにも見ることもできます。コンクリート等に土砂が積もっているからです。
- 流水のはたらきで山がけずられ、川で運搬され、平野や海に堆積していきます。それで沖積平野などさまざまな地形ができたり、災害が起きたりします。

21 水の流れに興味をもたせる

時間 1単位時間

流水のはたらきは川だけでなく、水が流れればどこでもはたらくことを知ります。

ポイント

◉大雨後の校庭の写真を撮っておきます。
◉降雨後、水が流れた跡が残っている時に授業をします。

準備するもの

◎デジタルカメラ◎パソコン◎モニター◎降雨後の校庭の写真（班の数）

写真１：雨水の流れた跡のアップ。

写真２：
この写真でも地面だけを写し、背景は見えないようにします。

写真３：
３枚目の写真は、背景が写っているものを見せます。

◆準備

事前に、雷雨や前線、あるいは台風による大雨が降った後の校庭の写真を撮っておく必要があります。梅雨時の大雨の後でもよいでしょう。

本時は、雨が降って雨水が流れた後が残っている時に行い、本時の直前に水が流れた跡の写真を撮り、印刷しておきます。

◆授業展開

1 予想する

まず、写真１のようなアップの写真をモニターに写して、「これは何の写真でしょう」と問います。子どもたちは、川だとか水が流れた後だと言うでしょう。そこで今度は写真２を見せ、「これはどこの写真でしょう」と問います。

写真4、5、6：校庭の雨水が流れた跡の写真の例です。

班の数だけ写真を用意しましょう。水の流れの上から撮ったり、下から撮ったりして、工夫するとよいと思います。

ミッションを行う場合、写真だけでなく、台紙に貼ったり封筒に入れて渡すと盛り上がります。

写真7：夢中になって探す子どもたち（証拠になる物を見つけて確認します)。
子どもは、こういうのが大好きです。

子どもたちは○○川だとか言いますが、当然、よくわかりません。そこで、徐々にルーズに写した写真を見せていきます。背景が写ってくれば誰でもわかり、盛り上がります。

2 見当をつける

「みなさん、よくわかりましたね。では、次は班ごとのミッションの発動です。写真を配りますので、この写真を写した場所を探してきてください。どの班が一番早くミッションを達成できるでしょうか。まず、2分間、教室で考えて見当をつけてから出かけます」

3 確かめる

各班に校庭の水が流れた跡の写真を裏返して配ります。一斉に開けさせると、子どもたちは写真を見て考え始めます。

写真に写った流れの跡を探すことで、見る目が養われます。また、自然に主体的、対話的な学習ができます。

やってはいけない

雨が降った後の校庭を自由に歩かせてはいけません。滑ったり転んだりするだけでなく、校庭が足跡だらけになるからです。観察のルールを決めておきましょう。

22 流水実験のモデル

時間 2単位時間

プランタートレイを使って、流れる水のはたらきを確認する実験をしましょう。

ポイント

- **◉流水の三作用を再現する目的で行います。**
- **◉納得するまで繰り返します。**

準備するもの

◎プランタートレイ◎ペットボトル（500mL）◎移植ごて◎つまようじ◎鉛筆のけずりかす

写真１：雨水が流れた跡のスケッチ。

写真２：土砂を入れＳ字をつけます。

写真３：Ｓ字カーブはしっかり固めます。

◆授業展開

1　事前の観察

校庭等で雨水が流れた跡を観察させ、どうしてこんな跡ができたかを考えさせます。

子どもたちは「水が流れたから」「水が地面をけずったから」等と答えます。教科書等で予習している子は「侵食したから」「土が運ばれて堆積したから」などと言います。

2　本時

「本当に水が流れると、けずれたり積もったりするのか実験をして調べてみよう」

と提案し、プランタートレイを班に１つ配り、実験セットをつくるポイントを明示します（砂場の砂だけでは荒すぎます）。

①トレイの７割程度まで約１cmの土砂を敷きます（写真２）。

写真４：約10度の傾斜です。

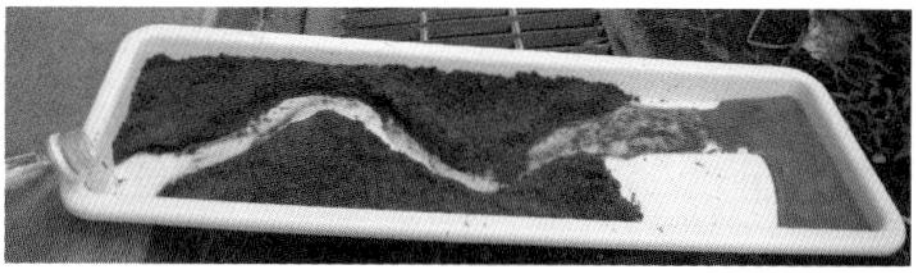

写真５：一定量の水を流すようにします。

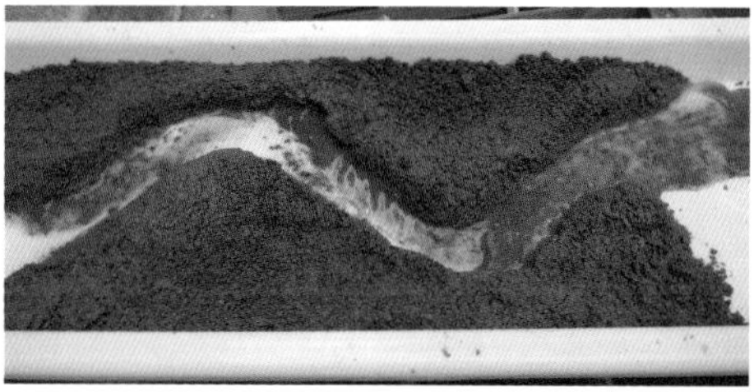

写真６：侵食・運搬・堆積の三作用が見られます。

②トレイの底が見えるようにＳ字の流路をつくり、土砂を固めます。準備ができたら、ペットボトルから水を流して様子を見ます。

3　観察のポイント

１つは「水が流れる速さ」で、もう１つは「水が流れる時の両岸の変化」です。１回の実験で500mLペットボトル１本分の水を流します。水を流しただけではわかりにくい場合は、実験セットをつくり直し、鉛筆けずりのかすを流したり、つまようじにふせん紙をつけた物を溝の両側に差したりして実験してみるのもよいでしょう。

また、Ｓ字カーブのつくり方や土砂の固め具合、トレイの角度、水を流す量などを考えさせて、子どもたちが納得するまで繰り返させることも大切です。

写真７：カーブの外側がけずられていますが、内側は変わっていない様子がわかります。

学習のまとめ

流れる水には、侵食・運搬・堆積の作用があり、流れの速さによってその大きさは変わります。曲がって流れているところでは、外側と内側で流れの速さが違います。

23 流水のはたらき
（流水の３つのはたらき）

時間
30分

流水の３つのはたらき（侵食・運搬、堆積）を発見できる簡単な方法です。

ポイント

◉斜面の傾きで、流水のはたらきそれぞれの大きさが変わることを発見させることができます。

準備するもの

◎バット◎長さ30cm幅15cm程の板◎キッチンペーパー◎珪砂（５～６号）か、事前に洗って汚れを落とした砂場の砂◎ペットボトル（500mL）◎傾きを調節する箱

【実験装置】

10度ほど傾けた板に、湿らせたキッチンペーパーを敷きます。この時、横と上の部分を１cmくらい折り込み、土手をつくります。キッチンペーパーの上側半分に湿らせた珪砂を厚さ１cmほどで敷き詰めます。

【流水の３つのはたらきを発見する】

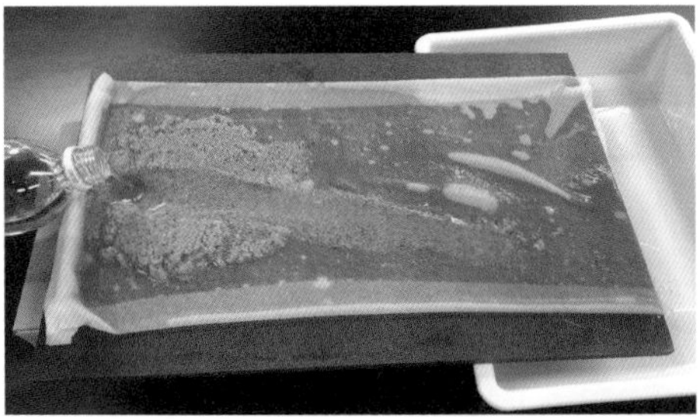

上流側から少しずつ水を流すと、砂がけずられて下流に堆積します。この様子から流水の３つのはたらきに気付かせます。

◆実験の流れ

1 水のはたらきを確認する

砂のあるところに水を流すと、どんなことが起きるか、子どもたちにじっくりと観察させます。流水の３つのはたらきを発見させましょう。

・砂がけずれたよ。
・砂が流されていくよ。
・流された砂がたまったよ。

等の声を引き出し、みんなで確認し合います。

2 急斜面と緩斜面

傾斜が違うと、流水のはたらきはどのように変化するでしょうか。板の角度を急にして、同じ実験をやってみましょう。

・一気にけずれた！
・どんどん流されていく！

【急斜面の流水のはたらき】

次に斜面を30度ほどにすると、最初の実験と比べ、砂が深くけずられ、より多く、より遠くまで下流に運ばれます。このことから傾斜が急になると、侵食と運搬のはたらきが大きくなることを発見させます。そして、斜面が急な山地には、谷が発達することにも気付かせます。

【傾斜が変化する場所での流水のはたらき】

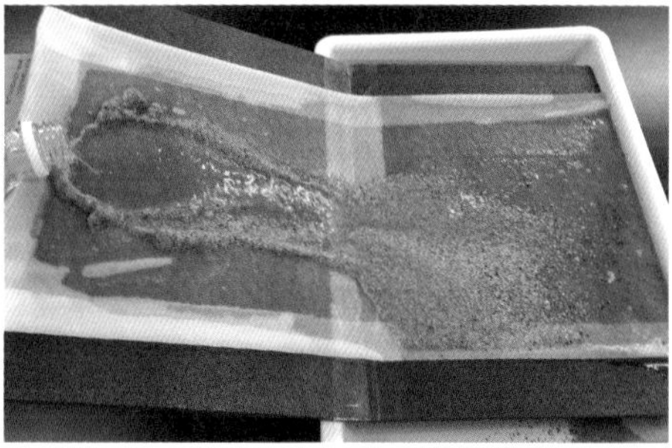

自然の中で、斜面が急な場所は山であることを確認し、山の斜面を流水がけずって、深い谷をつくることと結びつけます。

3 傾斜が途中で変わると？

実際の川では、山地から平地への傾斜が変わっていきます。傾斜が変わる場所（谷の出口）では、どんなことが起きるのか、実験で確かめてみましょう。

・あ、緩くなるところで砂がたまった。
・手のひらの形をしている。
・水がいろんな方向に流れる。

谷の出口では、扇状地ができることを確認しましょう。

板を途中で折り曲げられるように加工します。斜面の傾斜が緩くなるところでは、運搬のはたらきが小さくなり、堆積のはたらきが大きくなる様子を見ることができます。ここでは、山地から平地に川が出る場所に扇状地ができること等にも触れます。

やってはいけない

砂を湿らせておかないと、給水に時間がかかり、すぐに結果が出ません。また、キッチンペーパーを敷かないと、地滑りのように一気に砂が流れ落ちます。

24 流水のはたらき
（火山の石から砂鉄を探す）

時間
1単位時間

砂鉄が海岸で見つかるのは、流水のはたらきのお陰なのです。
流水の三作用がわかってから、取り組ませてみましょう。

ポイント

- **◉実験用岩石（ネオジム磁石で反応がある岩石。玄武岩推奨。）を用意します。**
- **◉砂粒の大きさぐらいになるまで細かくして、磁石で調べます。**

準備するもの

◎実験用岩石◎座金◎金づち◎雑巾◎新聞紙◎ポリ袋◎磁石◎砂鉄◎安全眼鏡◎このページ

確かめる方法を説明する時に、これを提示します。

座金に置いたのは、玄武岩です。これくらいの座金をホームセンターで入手可能です。

新聞紙１日分の上から、金づちでたたきます。安全眼鏡をつけて実験します。

◆授業展開

砂鉄を提示して課題を出します。「砂鉄は元々海岸にあったのか、火山にあったのか」ノートに自分の考えを書かせ、話し合いをします。

「砂鉄は海にある物だ」

「なぜ、火山にあった物が海岸にあるの？」

「流水のはたらきで、火山の石がけずられて、運ばれてくる内に粉々になって砂鉄が海岸に堆積するのかもしれない」

以上のようなやりとりを期待します。

実験の方法は、教師から提案します。「火山の石に砂鉄が含まれているか調べてみよう」と、玄武岩に磁石をつけますが、引き合いません（この時の磁石は

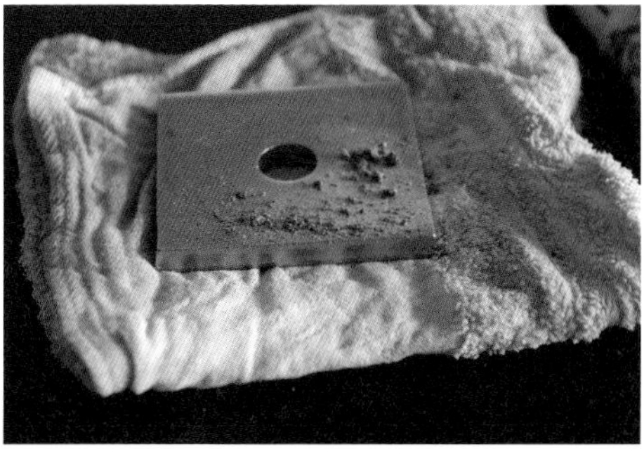

粉々になりました。それを集めて容器に入れます。

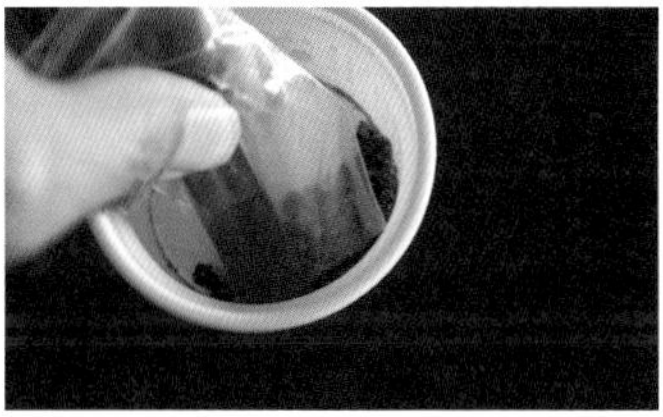

袋に入れた磁石を容器に入れます（ここまでやって見せ、子どもたちに確かめさせます）。

砂鉄がついています。

沖縄の海岸の砂には、砂鉄がありません。

ネオジム磁石は不可）。「それでは、砂鉄のような小さな粒になるまで砕いて、調べてみましょう」と、実験の仕方を説明します。

　左の手順をやって見せて、磁石につくかどうかを確かめさせます。

　新聞紙をかぶせて割れた石が飛び跳ねるのを防いでいますが、安全眼鏡を着用させてください。割っている時、「これは、石が運ばれている時、いろいろな物にぶつかって割れるのと同じようなことです」と意味を説明しておきます。

　結果は、磁石につく物がありました。砂鉄が海岸にあるのも、流水のはたらきだったのです。

　なお、火山のない沖縄では、海岸の砂の中に砂鉄を見つけることができません。

やってはいけない

STOP

■座金の代わりに金づちを使うこと

同じ硬さの物同士がぶつかり、割れる危険があります。

25 流水のはたらき
（防災　ハザードマップの見方）

時間
1単位時間

自分たちの地方に、洪水や津波、土砂崩れの危険がないか調べます。
そうすることで、どんな対策があるか調べたくなります。

ポイント

- **◉国土交通省の「ハザードマップポータルサイト」を利用して資料をつくっておきます。**
- **◉自分たちの都道府県にも危険箇所があることを知った上で、河川の防災対策を調べます。**

準備するもの

◎ハザードマップポータルサイトを見られる環境

1. 教材の準備

アクセスし、「重ねるハザードマップ」を選びます。https://disaportal.gsi.go.jp/index.html

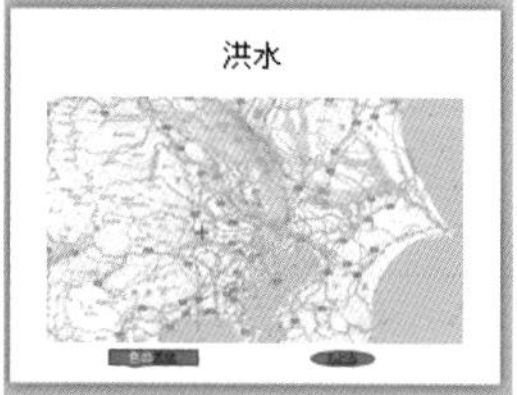

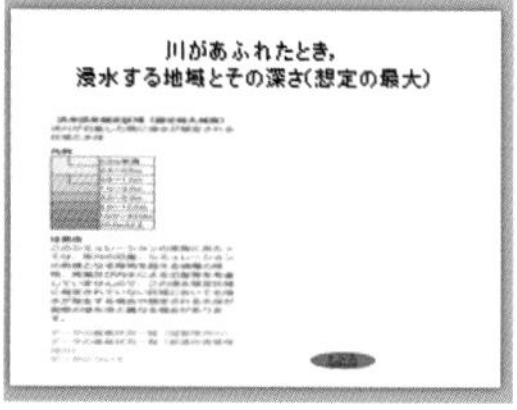

パワーポイントを使って、①地域の地図、②洪水、③津波、④土砂災害のハザードマップや凡例を１枚ずつスライドに貼り付けていきます。

地域の地図のページから洪水、津波、土砂災害のページへハイパーリンクを貼っておくと、スクロールしなくても必要なページに飛ぶことができて便利です。ハイパーリンクは、ファイルをPDF形式にしても有効ですので、おすすめします。

ダムや遊水池等、災害を防ぐための工夫を調べるには、動機が必要です。それは、自分たちの身近なところに危険があることを知ることです。自分たちの都道府県やその近辺を単位とすると、見つかります。

◆授業展開

授業の冒頭で、地域の地図を提示します。「学校はどこら辺ですか」とおよその場所を確認します。

洪水のハザードマップを提示します。「○○県は、大丈夫ですか」と自分の学校でなく、都道府県全体に目を向けさせます。主に川沿いに洪水の危険があることを確認します。

同様に、津波、土砂災害についても確認します。

津波

津波で浸水する高さ

津波は、海岸から川を遡る様子が見られる地図を示すと、その危険性が伝わります。

どの地域でもどれかに関係するでしょう。

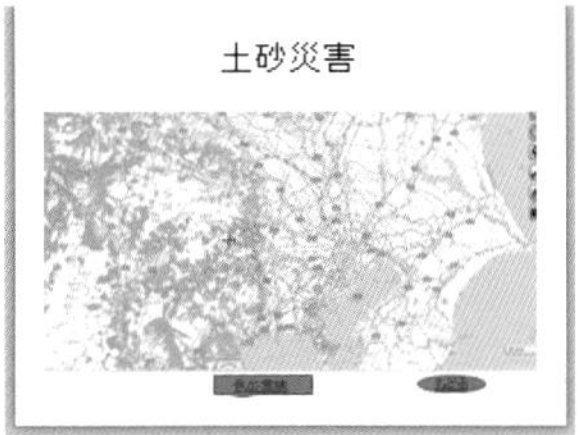
土砂災害

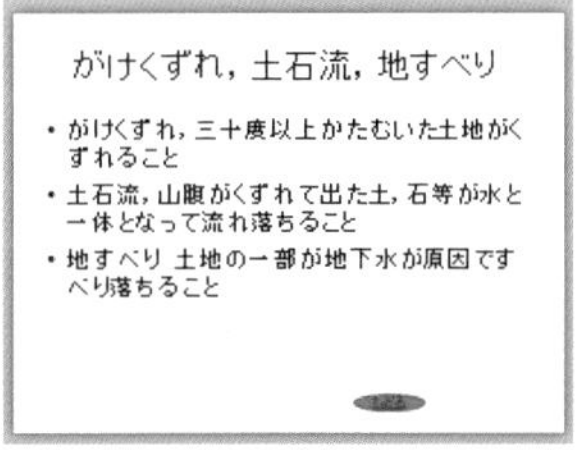
がけくずれ，土石流，地すべり
・がけくずれ，三十度以上かたむいた土地がくずれること
・土石流，山腹がくずれて出た土，石等が水と一体となって流れ落ちること
・地すべり 土地の一部が地下水が原因ですべり落ちること

2. データの意味を理解する

国土交通省の「浸水深と避難行動について」のページを提示します。http://www.river.go.jp/kawabou/reference/index05.html

そこには、50cmの浸水でも水の流れが激しく、濁って底も見えないので安全に歩くことが難しいことが書かれています。

3. 教科書で調べる

教科書にいろいろな資料があるので、線を引きながら読みます。「けずられるのを防ぐブロックは、浸食作用に関係するのかな」というようなつぶやきを期待します。

「洪水の地図にもどります。塗ってある色には、どんな意味があるでしょう」と凡例を確認させます。濃い赤は、最大で地面から５～10mも水がたまること意味します。

「５mは２階の屋根の高さですから大変です。でも、50cm～１mくらいなら、大人の腰の高さです。プールと同じです。これくらいなら大丈夫ですね」

大丈夫かも、と言う子もいますが、左のページを示しながら解説します。浸水深50cmを超えると、車のエンジンが停止し、パワーウインドーが開かなくなり、車の中に閉じ込められ非常に危険な状態となることが書かれています。

「洪水が起きたら大変だね。防ぐ工夫を教科書で調べよう」

教科書を読み、気になったことをノートにまとめさせます。

やってはいけない

最初から教科書を調べてはいけません。気分を高めてからです。

COLUMN

扇状地の治水に努力した武田信玄

戦国武将の武田信玄の本拠地は、甲府盆地です。甲府盆地は扇状地が広がっているところです。

扇状地とは山の谷から運ばれてきた砂や石（以下「砂礫」）が、広い範囲に広がり、まるで扇のように広がった土地です。堆積作用により、砂礫が堆積したわけなのですが、どんな川が扇状地を流れていたのでしょう。

このように問われた時、下流にいくに従って幅が広くなる浅い川を想像している人は少なくないようです。でも、落ち着いて考えれば、甲府盆地の幅の川なんて、現実的ではないことがわかります。それだと巨大な湖であり、川ではありません。

実際には、川が何度も流れを変え、広い範囲に堆積物を広げていってできた土地なのです。

それでは、なぜ川は何度も流れを変えたのでしょうか。

山の谷を流れる水は、急角度なので侵食作用と運搬作用が大きく、大水が出た時には大量の砂礫を運びます。甲府盆地を流れる富士川、笛吹川、御勅使川はいずれも急流です。しかし、いったん平らな土地に出ると流れが遅くなり、堆積作用が大きくなります。たくさんの砂礫が堆積し､川の底が浅くなります。それで、次の大水の時には、まだ砂礫が堆積していない低い土地に川が流れ込み、川の流れが変わるのです。

こうして、川は次々に流れを変え、扇の形にまんべんなく砂礫を堆積していき、扇状地ができるのです。

扇状地の川は流れを変えやすいので、堤防を造っても補修しなければ決壊しやすいのです。

そこで武田信玄は、堤防の近くに住んで堤防を守る仕事をする人を集めました。税を減免するというのが、その条件です。

人は石垣、人は城。手入れがされた堤防は水害を防ぎ、農業生産を増大させました。そして、強力な武田軍を支えたのです。

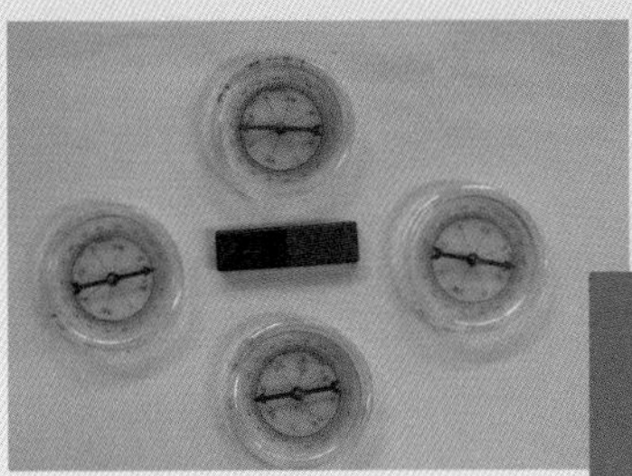

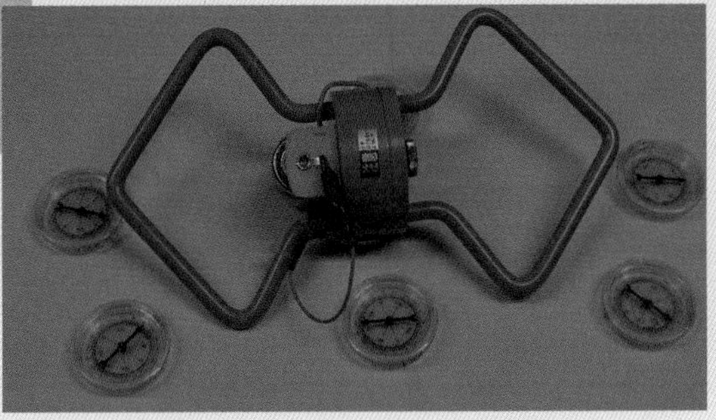

電磁石も、永久磁石と同様に極があります。

7章 電磁石

◉これだけは押さえたい

- 磁石には2つの極があり、同極は退け合い、異極は引き合うこと。
- 磁石と引き合う物は、磁石になっていること。
- 鉄芯にコイルを巻き、電流を流すと磁石になること。
- 電磁石は、電流が大きく、コイルの巻き数が多いほど強くなること。

◉指導のポイント

- 3年生で学習した磁石の内容を復習しながら取り組むとスムーズです。S極とN極が引き合う、N極と退け合ったらN極である、といったことを復習します。それと磁石が物を磁石にして（磁化）引き合うことの復習に役立つのが、最初の3つの実験です。
- 磁石が物を磁化します。コイルを流れる電流がすでに磁石になっていて、鉄芯を磁化するから、強い電磁石になるのです。鉄芯に電流が流れていると考えている子も一定の割合でいるので、磁化の知識と鉄芯を抜いたコイルの実験が有効です。
- 電磁石を強くする方法は、自分の手でつくって確かめることを重視し、実験に時間の配分を多くします。その経験を物づくりに生かします。

26 磁石についた鉄は磁石になっている（1）

時間
方位磁針で確認するのに
3分

鉄が磁石と引き合うのは、鉄が磁石になっているからです。
５年生では、その知識を前提に電磁石の学習に取り組みます。

ポイント

- ◉Ｓ極とＮ極が引き合い、同じ極同士は退け合うことを確認しておきます。
- ◉方位磁針のＳ極を退けるように動けば、Ｓ極なので、その確認をしてから実験します。

準備するもの

◎磁石◎クリップ◎方位磁針

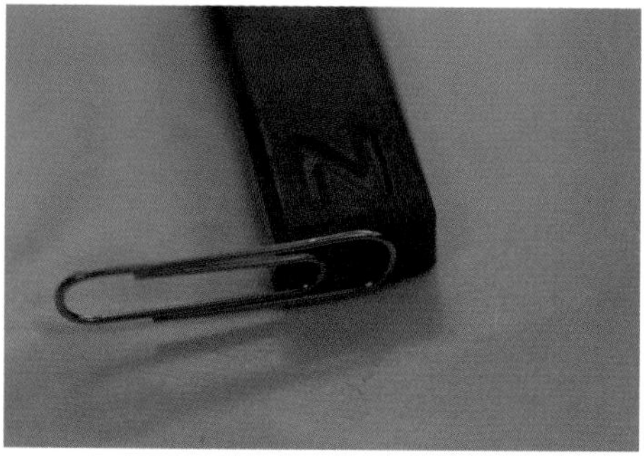

次のようなやりとりを期待しています。
「Ｓ極になっていて、Ｓ極とＮ極だから引き合うのかな」
「なっていないけど、鉄と磁石だから引き合うのかな」
「Ｎ極にくっついたから、Ｎ極になったのかもしれない」
「それはないよ。Ｎ極同士になるから、退け合ってしまうよ」
「ああ、Ｎ極とＮ極は退け合うんだ」

◆復習

まず、復習をします。同極は退け合い（押し合い）、異極は引き合うことを確認します。

磁石にクリップをつけて問いかけます。

「クリップがＮ極につくのは、クリップがＳ極になっているからでしょうか」

できれば、子どもたちの意見を引き出し、討論させたいところです。「本当にＳ極になっているのかな、自信がないな」という子どもたちの「わかっていない」という自覚を引き出せればよしとします。

磁石である方位磁針のN極と引き合うから、鉄だとも考えられます。S極だとも考えられます。

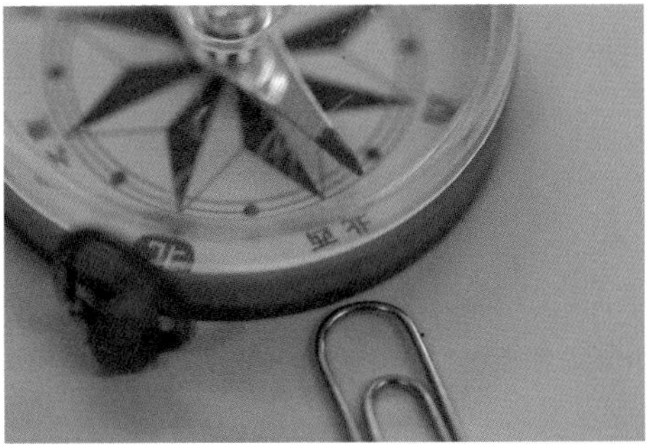

でも、S極とは退け合いました。

これは、クリップだからうまくいくところがあります。モールだとうまくいかなかったことがありました。クリップは、ある程度、磁気が残る（残留磁気を帯びる）からです。また、オイルの入った方位磁針では、うまくいきません。予備実験をして、反応する素材を確認しておきましょう。

◆検証

検証法を確認します。クリップを方位磁針に近づけて、S極と退け合うかを見ることにします。N極と引き合うだけだと、ただの鉄である可能性も否定できないからです。

N極にクリップをつけ、そのクリップをすぐに方位磁針に近づけます。

すると、方位磁針のN極とは引き合いますが、S極とは退け合うことが確認できます。

「磁石についた鉄は磁石になる」と学習していても、極がちゃんとできていることまでは、この実験をするまでわからない子がいると思われます。

さて、クリップをしばらくおいてから確かめると、方位磁針のどちらの極とも引き合ってしまうことがあります。

鉄は、磁石が近づいた時だけ磁石になる「一瞬磁石」なのです。ただの鉄に戻ります。

やってはいけない STOP

「磁石に付いた鉄が磁石になることは、3年生で勉強したでしょう」は、禁句です。たいてい忘れていますし、ちゃんと極ができるところまで勉強していないからです。

27 磁石についた鉄は磁石になっている（2）

時間
実験自体は
3分

磁石が鉄を磁石にするという知識を活用させる課題です。
鉄が磁石になる（磁化）ことを、当たり前のように考えられるようにします。

ポイント

◉磁石についた鉄が磁石になっていることを活用して考える場をつくります。
◉子どもたちに図示させながら考えるよう促します。

準備するもの

◎磁石◎クリップ

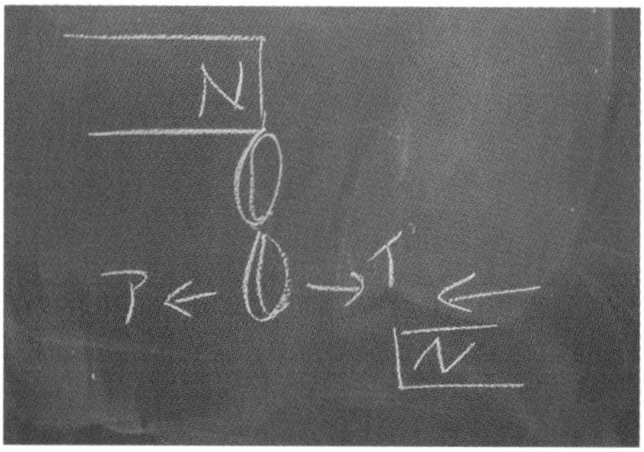

教師は、磁石のN極にクリップをつけます。そのクリップの下のもう１つクリップをつけます。

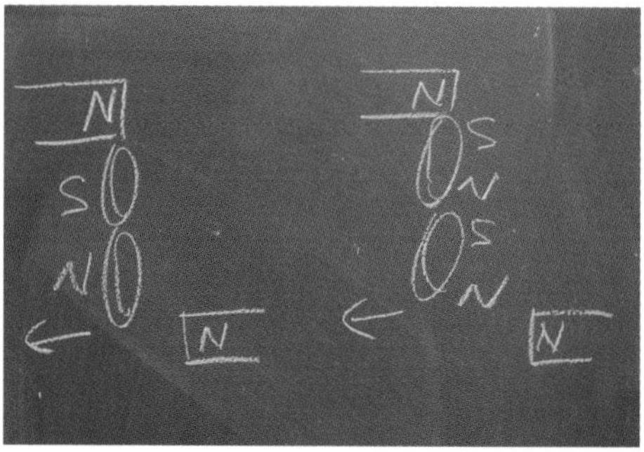

「この下のクリップについて、考えます」と言って板書します。

◆授業展開

まず、Ｎ極に付いたクリップはＳ極になって磁石と引き合ったことを確認します（26参照）。

次に、磁石のＮ極にクリップをつけ、そのクリップにもう１つのクリップをつけます。

「棒磁石のN極を、図にように下のクリップに近づけるとクリップはどう動くか」と、図を板書して問います。

この時に、ノートの図に極を書かせて考えさせるとよいでしょう。

およそ、子どもたちの考えは２つ目のクリップがどうなっているかで意見が分かれます。

予想される子どもの考えは、次の３つです。
①（上のクリップ）SN-（下のクリップ）鉄
②S-N（前頁・板書左）
③SN-SN（前頁・板書右）

これ以外だと、同じ極同士が引き合うことになり、「おかしい」という意見が出てきます。

考えやすいように、板書しながら意見を整理しましょう。

２つのクリップが離れないようにします。

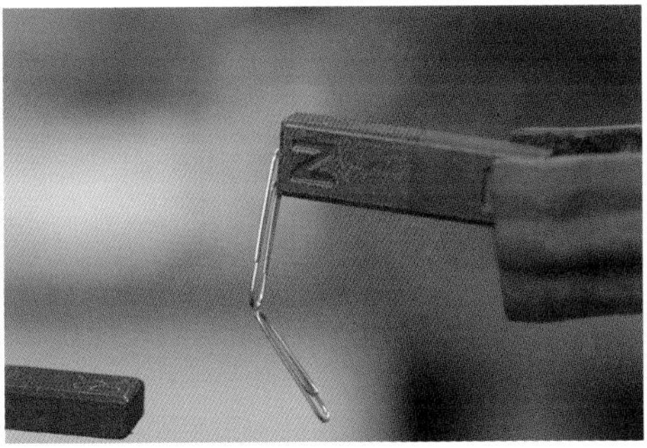

クリップとＮ極が退け合いました。

出された意見を板書して、討論させましょう。「N極とN極が付いているのでおかしい」等の意見が出て、左の①〜③しか残らないはずです。

「鉄のクリップと磁石が退け合うことになるけど、いいの？」等とゆさぶると、この実験の意味が伝わりやすくなります。

２つ目のクリップが離れてしまった時には、やり直しをします。そのことを、実験前に約束してから実験します。実は、下の磁石もクリップを磁化しようとしているのです。

実験すると、鉄のクリップが下から近づけた磁石のＮ極と退け合ってしまいます。

◆教師向けの補足

電磁石は、電流の流れるコイルが磁石になり、それが鉄芯を磁石にするものです。

学習のまとめ

磁石のN極を近づけていくと、クリップと退け合いました。鉄なのに磁石と退け合うのは、鉄にN極ができていたからです。１つのクリップにS極とN極ができるのかどうかは、わかりませんでした。

28 磁石についた鉄は磁石になっている（3）

時間
2つの実験で
5分程度

磁石が鉄を磁石にするという知識を活用させる課題です。
鉄が磁石になる（磁化）ことを、当たり前のように考えられるようにします。

ポイント

◉磁石についた鉄にもS極、N極の両方があることをはっきりさせます。
◉子どもたちに図示させながら考えるよう促します。

準備するもの

◎磁石◎大きめのクリップ◎モール

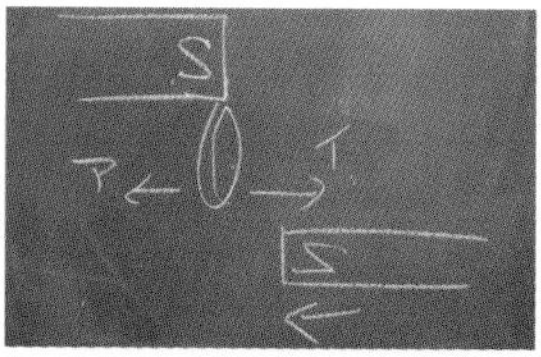

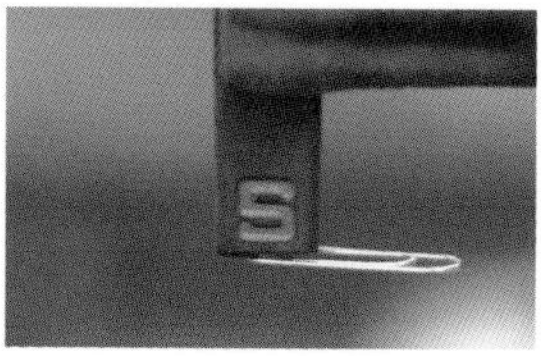

実験の時、クリップが動きやすいように磁石についていないと、うまくいきません。大きめのクリップを使うと、図のようにつきやすくなります（写真はだめな例）。

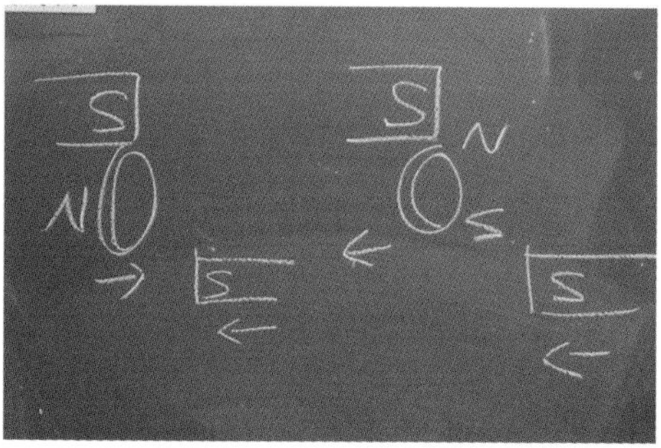

◆授業展開

S極にクリップを付け、クリップの下端に磁石のS極を近づけていきます。

「S極を近づけていくと、クリップはどう動くか」を図を示しながら問います。

どちらに動くか、ノートに図を書かせて考えさせます。前の実験のノートを参考に考える等して、じっくり取り組むようにさせたいものです。

ここで出てくる主な意見は、①クリップがN極が1つだけの磁石になっているか、②N、Sの2つの極がある磁石になっているかです。

前項27の実験をやっていれば、その結果を活用して意見を発表できるようになっています。

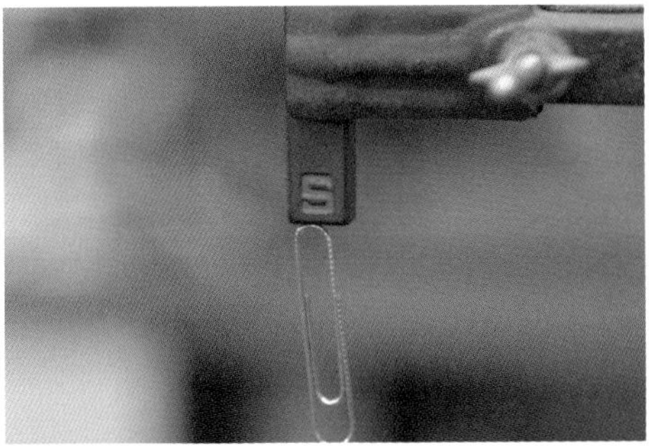

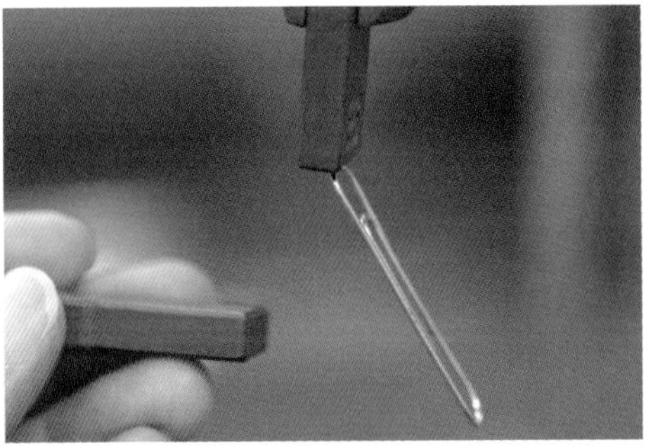

S極と退け合うのでS極。

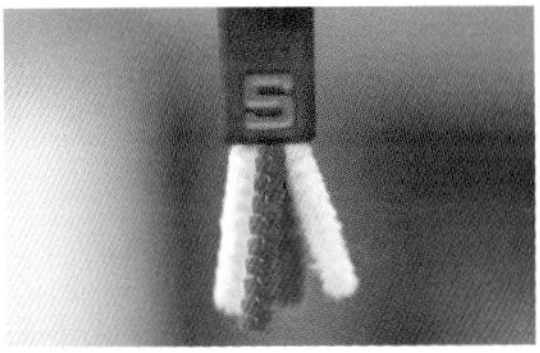

モールの花が大きく開くようにするには、モールの長さを調整してください。

「②の考えだと、磁石とクリップが退け合うという常識外れの結果になりますよ」とゆさぶっても、意見はあまり変わらないようです。

実験で確かめると、下の磁石のS極と退け合ってしまいます。②の勝利です。

このことを活かして、クリップの花を咲かせましょう。

S極にたくさんのモールをつけます。それを、別の磁石のS極に近づけるとモールの花が開くようになります（事前の予備実験で、長さを調整しておきます。磁石との関係で、開きやすい長さがあります）。

N極に近づけると、花が閉じるようになります。

やってはいけない

間違った子を責めるようなことは、してはいけません。極が１つしかない磁石を考えていた科学者もいるのです。もしそんな磁石が見つかったら、大発見なのです。

29 電磁石をつくる

時間 1単位時間

コイルを巻いて、電磁石をつくりましょう。
自分の手できれいに巻いたコイルには、愛着を感じるものです。

ポイント

- **◉ストローの直径から、必要な導線の長さを計算します。**
- **◉100回巻きも200回巻きも同じ長さの導線を使います。**

準備するもの

◎導線◎鉄くぎ◎ストロー◎粘着テープ◎紙やすり◎電池（電源装置）◎方位磁針

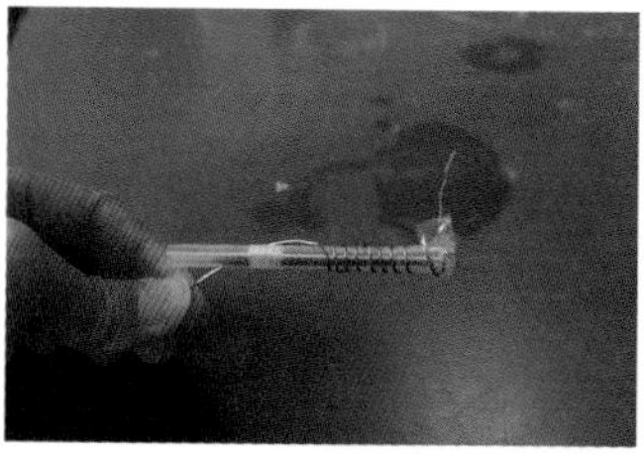

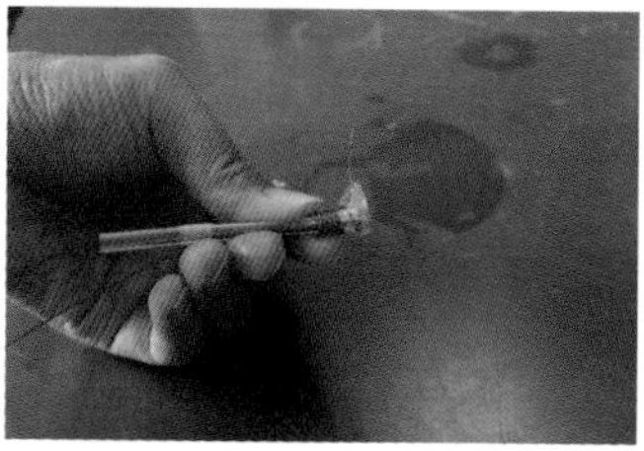

重ならないように10回巻きます。ぎゅっとしごいてそろえます。

これを「正」の字を書きながら10回繰り返し、100回巻のコイルをつくります。

ストロー（画用紙でも可）をくぎにかぶせるのは、「鉄くぎを電流が流れるから、磁石になる」と誤解させたくないからです。非金属であるストローで導線と鉄くぎが遮断されていることを意識させます。

◆つくり方

１人２セットをつくります。１つは100回巻き、もう１つは200回巻きです。

この時、同じ長さの導線を使います。同じ長さでないと、抵抗が違うので電流の流れやすさが違ってしまいます。極端な場合、100回巻きのコイルの方が、200回巻きのコイルより強い電磁石になってしまうこともあります（市販のセットを使う場合でも、導線の長さは計算されています）。

1　同じ長さの導線を用意したら、くぎにストローをかぶせ、粘着テープで固定します。

コイルを巻くには、５cmほど余らせて粘着テープで固定しまた、鉄くぎがなくても磁石になるかどうかを調べる実験の時にも、有効です。粘着テープを剥がして鉄くぎを抜けば、すぐに実験できます。

くぎの長さは、100回巻いてぴったりになればよいのですが、導線の上に導線を重ねても構いません。

100回巻きで余った導線を、切ってはいけません。後で厚紙等に巻いておきます。

導線の長さは、直径６mmのストローに200回巻いた場合、４m程度でした（６mm×3.14×200=3768mm=3.768m　直径×円周率×巻き数）。

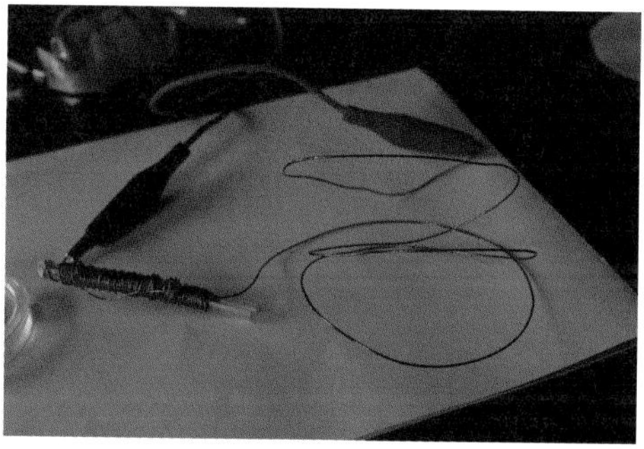

100回巻き　導線を余らせます。

これを電源装置に直接つなぐと、まれに警告音が鳴ることがあります。その場合、電源装置の限界値を設定し直します。

多少の巻き乱れ、多少巻く回数の違いがあっても、実験結果に大差は出ません。子どもたちに安心するよう伝えてください。

ます。そこから、まず10回ほど導線が重ならないように巻きます。その部分を手でしごくようにし、導線をきれいにそろえます。

2　同様にしてある程度巻き、きれいにそろえるようにして巻いていきます（多少乱れても、大丈夫です）。

3　100回、200回巻いたら、端を粘着テープで留めます。両端を紙やすりで磨いて、電流が流れるようにします。電池等につないで電磁石になったことを、方位磁針で確かめます。

終わった子には、途中の子のサポート役に回ってもらいましょう。時間のかかる子もいます。

なお、電磁石は発熱しますので、１分を目安に電源を切るようにします。

やってはいけない STOP

■授業中に導線を切り分けること

時間がもったいないです。事前に計算した長さに切っておきましょう（有志に手伝ってもらってもよいです）。

30 極を確かめる

時間
1単位時間

電磁石の極がどうなっているかを確かめます。
電流の向きを変えるとどうなるかも調べます。

ポイント

◉永久磁石の極がどうなっているか、方位磁針で確かめます。
◉電磁石も、方位磁針で確かめます。

準備するもの

◎電池（電源装置）◎電磁石◎方位磁針

棒磁石の極を調べる

電磁石の極を調べる

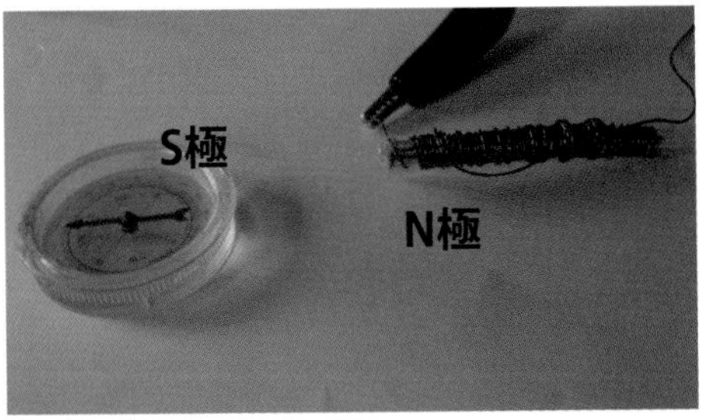

磁石の周りに方位磁針を置くとどうなるか調べます。それを活用して、方位磁針で磁石かどうか見分けることができます。

写真のように、片方がN極（S極と引き合っている）になったことを確かめたら、反対側がどうなっているかも確かめます。

◆方法

電磁石の極が、棒磁石の極と同じかを確かめます。

棒磁石の極の近くに、方位磁針を置いてみましょう。

すると、棒磁石のS極と方位磁針のN極が引き合うことがわかります。反対の極は、方位磁針の向きも反対になります。

「電磁石にも、2つの極があるでしょうか。調べてみましょう」

ここで注意すべきことは、2つの極があることを確かめることです。片方が方位磁針と反応すると、それで満足してしまう子がいます。

形は違っていても、磁石になっていることが、方位磁針でわかります。

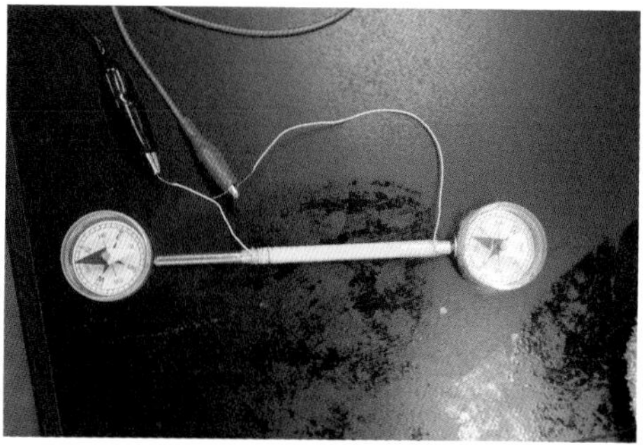

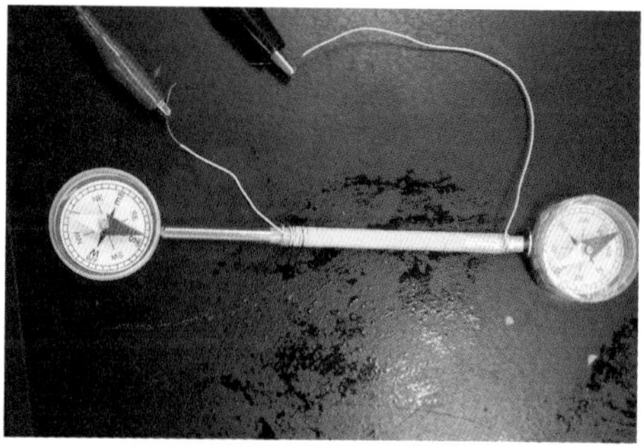

電流の向きを逆にすると磁石の極も逆になります。

※くぎは、電流を切ってもある程度磁石のままです。あらかじめ承知しておいて、対応しましょう。

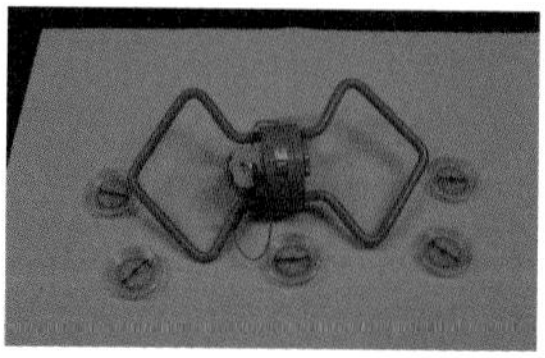

この電磁石でも極を確かめられます。

そこで、「ここは何極？ どうしてわかるの？ それじゃ、反対側はどうなっているか調べてごらん」と声をかけていきます。

電池を反対向きにし、電流の向きを逆にした時の極を調べさせましょう。

「電池の向きを変えて、電流の向きを変えました。極は同じでしょうか」

同じように、方位磁針で両側を調べさせます。すると、反対になることがわかります。

教材提示装置などで棒磁石の向きを変えた時、方位磁針の針が反対を向くことを見せて、これと同じだと確かめます。

方位磁針が動かない場合、断線している可能性があります。簡易検流計をつないで電流が流れているかを確かめてください。

やってはいけない STOP

記録させる時に、「極が２つあった」「極が変わった」とだけ書かせてはいけません。「Ｎ極と引き合ったから、Ｓ極」のように、実験の結果と極の考察との両方を書かせます。

31 強い電磁石をつくる
(巻き数と電流を変えて、電磁石の強さを調べる)

時間
2単位時間

電磁石の強さを、巻き数や電流の強さを変えて調べます。

ポイント

◉電磁石を強くするには、どうすればよいでしょうか。条件を考えて調べていきます。電磁石の強さを比べる方法は、児童のアイディアを活かすこともできます。

準備するもの

◎電磁石（100回巻き、200回巻き）◎電流計◎導線◎電源装置◎おもり◎大型クリップ◎雑巾何枚か◎紙やすり

○学習の流れ
　実験方法を確認した後で、装置を組み立てます。実験後、まとめをします。

A 電流の強さを変える
【実験方法】
①電流の強さは、乾電池１つと、乾電池２つ直列つなぎにします。
②100回巻き電磁石を使用します。
③調べる時だけ、電源スイッチを入れます。
　クリップの先におもりが何g吊り下げられるか３回調べます。

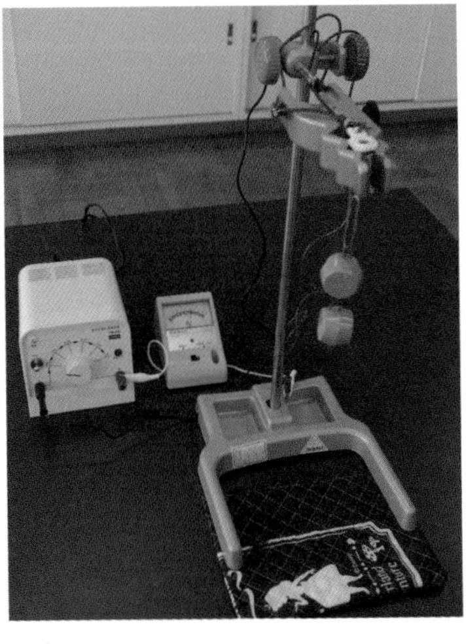

◆ポイント

　磁力を調べる方法として、クリップにおもりを吊るす方法を利用します。10g単位で簡単に調べることができます。

1 回路の工夫

　この実験では、電流を長く流していると、電磁石が温まり鉄芯が抜けることがあります。スイッチを利用して、調べる時だけ電流を流します。

2 クリップの処理

　鉄芯に吸いつく面積を広げるために、クリップの先端を紙やすりで平らにします。

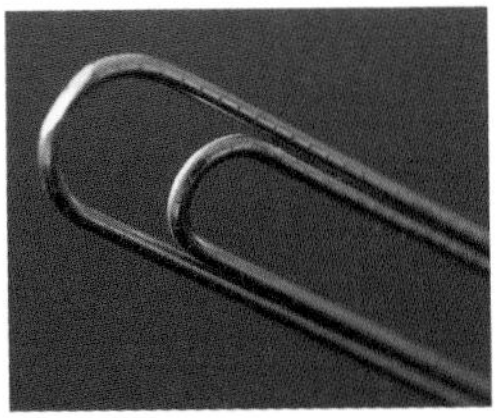

B 導線の巻き数を変える

【実験方法】

①電流の強さは、乾電池２つ直列つなぎにします。
②100回巻きと200回巻き電磁石を使用します。
③調べる時だけ、電源スイッチを入れます。
　クリップの先におもりが何g吊り下げられるか３回調べます。

【結果の整理】

A 電流の強さを変える（100回巻き）

	乾電池１つ	乾電池２つ直列つなぎ
おもりの重さ	50g	110g
電流	1.5A	2.5A

B 導線の巻き数を変える（乾電池２つ直列つなぎ）

	100回巻き	200回巻き
おもりの重さ	70g	180g
電流	1.5A	2.5A

3 クッションの用意

電磁石が吸いつけられなくなると、おもりが落下します。衝撃を避けるために、おもりの下に雑巾を重ねておきます。

4 導線の長さをそろえる

導線が長くなると、電流が流れにくくなる性質があります。100回巻きと200回巻きの導線の長さは同じにします。

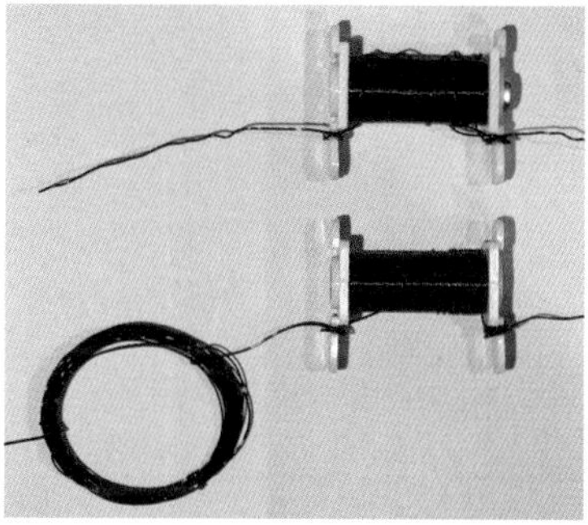

上は200回巻、下は100巻ですが、両方とも長さは同じです。

学習のまとめ

導線の巻き数を多くすると、電磁石は強くなります。
電流を強くすると、電磁石は強くなります。

32 鉄芯の役割を探る

時間 1単位時間

鉄芯のないコイルに電流を流しても、弱い磁石になります。
それで、鉄芯は磁石を強くするためのものだと理解します。

ポイント

◉銅は磁石につかないことを見せておきます。
◉実験前の話し合いで、十分に疑問が出るようにします。

準備するもの

◎銅線◎鉄の針金◎電磁石◎電池（電源装置）◎方位磁針２つ◎クリップ◎コイル等

鉄の針金は磁石につきますが、銅線は針金につかないことを提示します。

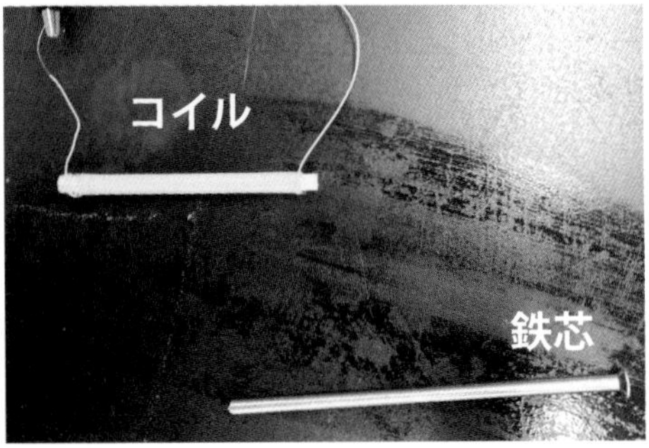

磁石になっているか確かめるには、まず一番敏感な方位磁針を近づけます。電流のON、OFFで方位磁針が動くか調べます。

電磁石をつくる時に使った銅線が磁石につかないことを確認して、課題を出します。

「鉄芯を抜いたコイルに電流を流すと、磁石になるだろうか」

自分の考えをノートに書かせて、話し合いを組織します。

「鉄ではないから磁石につかず、磁石にもならない」

「鉄芯にコイルから電流が流れて磁石になる。だから、鉄芯がないと磁石にならない」※１

「鉄芯がなくても、銅線がつながっていれば電流が流れる。鉄芯には電流が流れない」※２

内心、上記※１のように思っている子はいるはずです。※２のような意見を出させて、自分たちで問題を解決させたいところです。

「なんとなく磁石になると思う

電流を流す前に、コイルを東西方向に向けておくのがこつです。

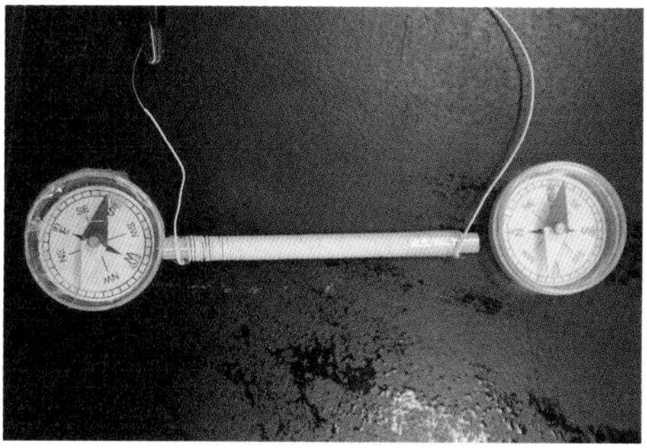

電流を流す前は、このような状態にしておきます。

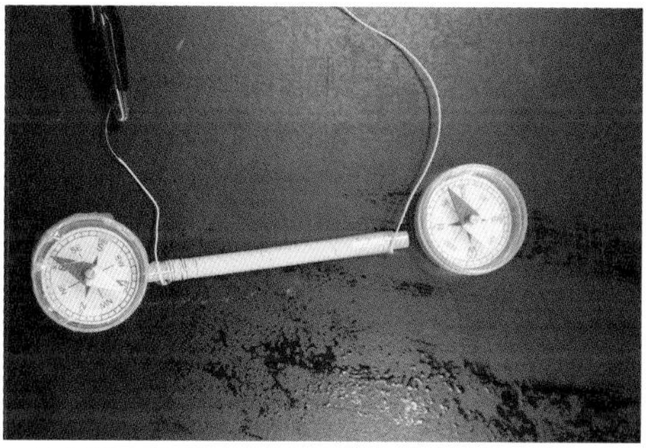

左側がＳ極を、右側がＮ極を引き寄せているようです。反応が弱いです。

けど、それだと鉄芯の役割が何だかわからない」

「コイルが磁石になって、鉄芯が磁化されて電磁石になるのではないか」

電流が流れていもしない鉄芯の役割は何か、疑問に思う意見をとり上げて共有したいところです（３人程度、同様の意見を発表させると、効果的です）。

方位磁針で調べてからクリップで調べるので、行う順に板書しておくとスムーズになります。

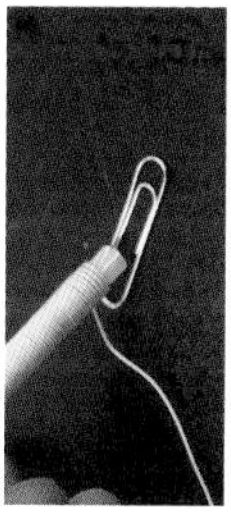

クリップは、あまりよくつきません。鉄芯を入れるとつきます。

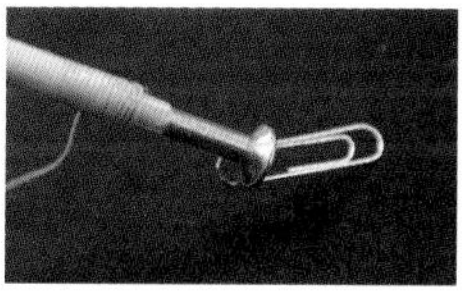

学習のまとめ

コイル自体は磁石につかないけど、電流を流すと方位磁針が動きました。S極、N極の両方がありました。しかし、クリップをあまりつけないので、弱い磁石でした。ところが、鉄を入れると強くなりました。鉄芯は、磁石を強くするためにあるのだとわかりました。きっと、鉄芯はコイルで磁化されているのだと思います。

33 電源装置のつなぎ方

時間
子どもを集めて説明するのに
5分

回路図を書いた紙を用意し、その上に電源装置等を置いて確実につなげるようにします。

ポイント

- ◉ショートさせないことです。
- ◉ショートさせてしまったら、原因を調べてから再度使います。

準備するもの

◎電源装置◎みのむしコード◎豆電球◎電磁石◎A3の紙

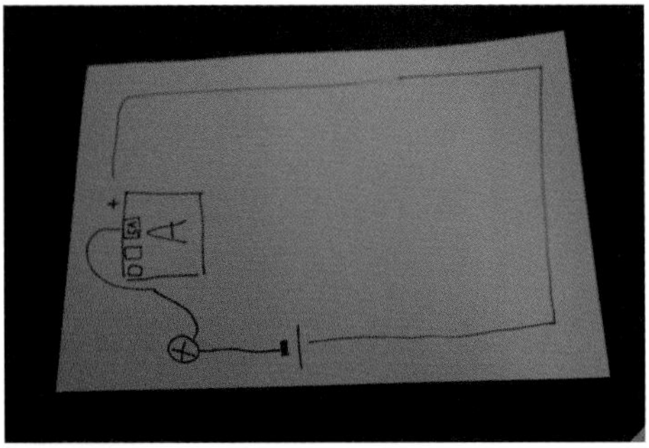

紙は手書きで十分です。記号を使うかどうかは、実態に合わせます。この紙を班の数だけ用意します。この紙の上に器具を置きます。

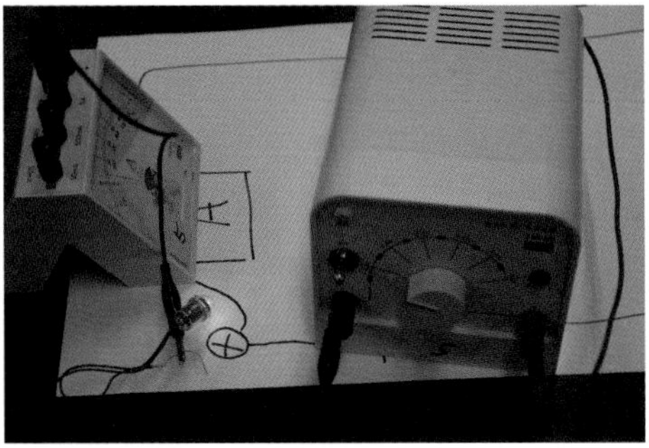

豆電球を使って、電源装置の使い方を説明します。

電源装置の＋に赤いみのむしコードを、－に黒いみのむしコードを写真のようにつなぎます。

Ａ３の紙に器具の置き場所を図示したものを配布しておくと、簡単に回路をつくれます。

この時、みのむしコード同士を接触させるとショートして危険であることを知らせます。

みのむしコードに豆電球や電磁石をつなぎます。

ショートしていないことと、電圧が電池１つ分の1.5Vになっていることを確認してから、電源を入れるようにします。

電圧を変えましょう。この時、教師の指示に従って電圧を変えることを約束させます。適正電圧があるので、それを超えると

＋が赤いコードという習慣をつけます。

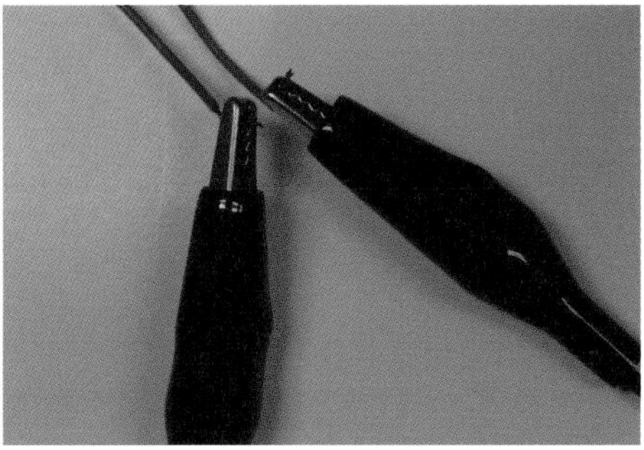

みのむしコード同士が近づいていると、接触してショートすることになります。電源を入れる前に離します。

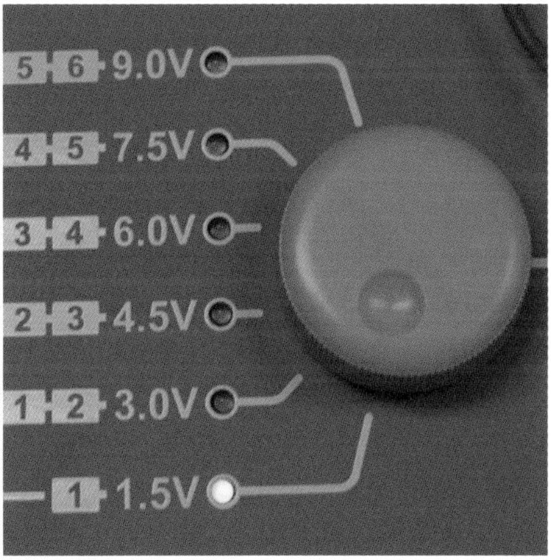

器具の電圧に合わせて使います。電源を切る時には、最低の1.5Vに戻して切る習慣をつけましょう。

器具が壊れるからです。豆電球の場合は、３Vと書いてある物でしたらその電圧までで止めておくようにします。

電磁石の実験では、たくさんの電流が流れます。場合によっては、すぐに警告ブザー（ランプ）が鳴る場合があります。その時には、警告ブザーが鳴る限界を設定し直すようにします。

電流の大きさと電磁石の強さとの関係を調べる実験は、電源装置を使うと簡単にできます。つまみを回すだけで、電流の大きさを変えられるからです。また、電池と違って弱くならない点もよいところです。

みのむしコードは、上から挟めば接続できます。ねじを回す必要はありません。バナナの形をした端子を使うと、さらに接続が簡単になります。

やってはいけない STOP

■ショート回路をたびたびつくること

１度ショートさせてしまったら、どこに原因があるのかを確認させます。どことどこが触れたからなのかがわかると、次に気をつけるようになります。

34 電流計の使い方

時間 10分

簡易検流計で十分電流を測れますが、電流計を使うと細かく測れます。

ポイント

◉電磁石や豆電球等と直列につなぎます。
◉＋と－を正しくつなぎます。
◉鈍感な端子から敏感な端子につなぎ替えます。

準備するもの

◎電流計◎電源装置◎豆電球◎みのむしコード等の導線

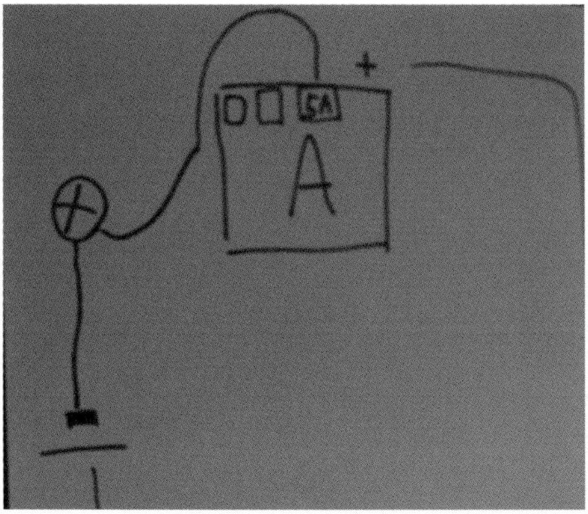

つなぎ方を書いた紙を班の数用意し、その上に並べるように接続させます。最初は一番鈍感な５Aの端子を使います（簡易検流計なら豆電球か電磁石かだけ気をつければよいです）。

＜板書＞

５Ａ＝5000mA

0.5Ａ＝500mA

0.05Ａ＝50mA

0.3Ａ＝300mAだから、500mAの端子につないで大丈夫！

50mAの端子につなぐと、300>50で振り切れる!!

電源装置に導線を取りつけ、赤のコードを電流計の＋端子に接続します。赤を＋という約束でつなぐ習慣がつけば、簡単に電源装置の＋極と＋端子をつなぐことができます。

電流計の５Ａ端子と豆電球を黒の導線で接続し、電源装置と豆電球を黒の導線で接続します。これで、直列回路ができます。－は黒という約束にします。

電流計は、抵抗になる豆電球や電磁石等と直列に接続されていることを確認してから、電流を流します。

＋と－を間違えると針が逆に振れ、振り切れてしまうので、電源装置の＋と電流計の＋を直接赤いコードで接続する習慣をつけると、間違いを防げます。

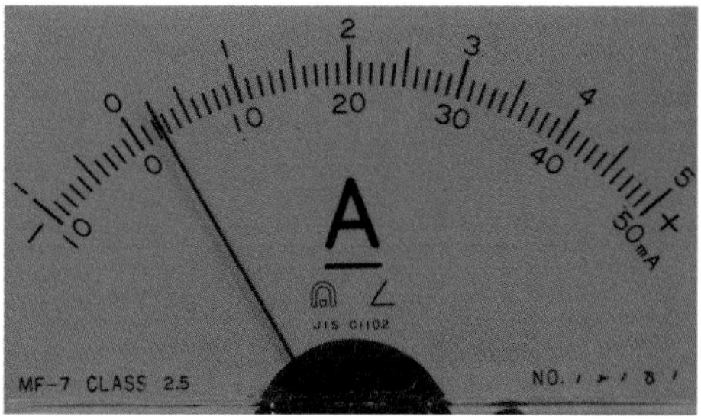

5 A端子に接続して電流を流します（写真上）。500mA端子に切り替えました（写真下）。240mAです。50以上なので50mA端子にはしません。破損の危険性があります。

1.5Vを 2 倍の 3 Vにしたら、豆電球は明るくなりました。電流も 2 倍？ 2 倍まではなっていませんでした。オームの法則で電圧 2 倍なら電流も 2 倍になるはずですが、温度が上がり、抵抗が変化してしまうからです。

ここまで確認してから、電源装置の電源を入れ、1.5Vの電圧をかけます。

この時、豆電球ならおよそ0.3A付近を示します。端子を変えることができるか、A、mAの換算表を元に考えさせます。

実際に変えてみて、300mA前後であることを確かめます（豆電球の規格によって異なります）。

電圧を 2 倍、つまり電池 2 つを直列つなぎにした時豆電球は明るくつきますが、電流も増えるかを問いかけます。電流計で測ると、2 倍まではいきませんが増えることがわかります。

正確な電流を測れるのが電流計のすごさです。

やってはいけない

■原則をはずした使い方

針が振り切れるような使い方はしません。並列接続はもってのほか！
やると壊れる危険があり、修理代は思いのほか高いです。

COLUMN

分解したモーターを回す

市販の模型用モーターは、回転軸がついた電磁石の周りに永久磁石を配置したつくりになっています。電磁石のコイルに流れる電流の向きを変化させると、それに応じて電磁石のＮ極、Ｓ極も変化し、周りの永久磁石と引き合ったり退け合ったりします。それで、回転軸が連続的に回転するようになっています。

モーターを分解し部品を取り出すと、そのことがよくわかります。また、電磁石が見える状態で組み立て直してもとてもよく回るので、しくみの理解を深めることができます。

分解したモーターを回してみましょう。

モーター側面の爪を、小さなマイナスドライバーで起こすと分解できます。内部の部品を取り出し、ホットボンド／両面テープなどで台に取りつけます。この時、鉄ケースは逆向きにします。

電池（単三電池１つ）をつなぎ、電磁石の部分に永久磁石（モーターの内部についていたものとか、棒磁石など）を近づけると、クリップモーターとは違って、始めに軸を指で回さなくても、すぐに高

速回転します。

これは、電磁石の鉄芯に３つの磁極が現れるつくり（２つが同極、１つがそれらとは異極になるように、３つのコイルが巻かれている）になっているためです。

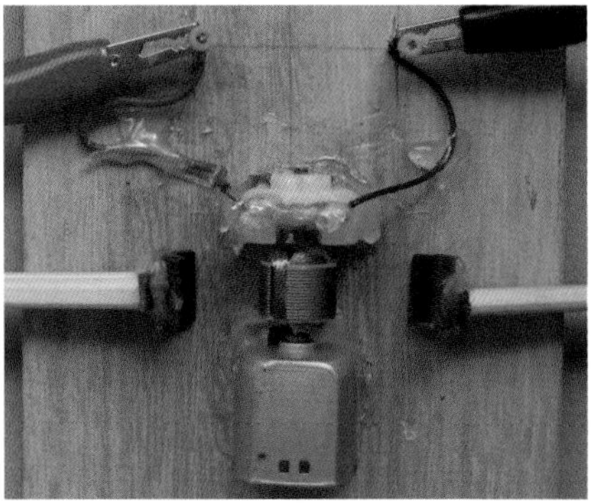

ろ紙は科学のふるいです。溶けた物を通過させて分離することができます。

8章 物の溶け方

◉これだけは押さえたい

- 物が水に溶けると、透明になること。溶けてない時には不透明になること。
- 溶けた物はろ紙を通過し、溶けてない物は通過しないこと。
- 物が水に溶けると見えなくなるが、溶けた物はなくならないこと。
- 溶けた物は、重さがあるにもかかわらず、上も下も濃さは変わらないこと。

◉指導のポイント

- 物が水に溶けた状態が「透明である」とはなかなか理解できず、「底に残っていないかどうか」とか、「色がついているかどうか」という素朴な概念を持っています。それを覆すにはろ過の実験です。色がついて濁っている物は、ろ紙を通過できないのです。
- 溶かす前と後で重さが変わらないことを確かめます。それは、溶けて見えなくなっても、物がなくならないことを確かめるためです。食塩水の中に食塩があることは味でわかりますが、少しもなくなっていないことは重さでしかわからないのです。乾かしたり冷やしたりして取り出すことも、保存性を示しています。

35 メスシリンダーの使い方

時間 15分

メスシリンダーを正しく扱い、水を正しく量りとりましょう

ポイント

◉メスシリンダーの正しい使い方を、実際に操作をしながら学びます。

準備するもの

◎メスシリンダー（100mL）◎駒込ピペット（スポイト）1mL◎ビーカー（100mL）2つ◎雑巾◎水

○一定量の水を量りとる（50mL）

①メスシリンダーは液面が水平になるように、水平な場所に置きます。

②ビーカーを利用して、少なめに水を入れます。この操作は必ず両手でします。右利きの場合は、左手でメスシリンダーを支え、右手でビーカーに入った水を、メスシリンダーに注ぎます。少な目に入れるのがこつです。

③液面に視線を合わせて、駒込ピペットで水を加えながら、50mLにします。液面と視線を合わせるためには、しゃがんで操作をする必要があります。

④量りとった水をビーカーに移すと、この水の量が50mLになります。

◆メスシリンダーを使うのは?

正確に液体や固体の体積を測るには、メスシリンダーが必要です。ビーカーで量りとった水を、メスシリンダーで量り直すと、違いがはっきりします。

◆メスシリンダーを置く場所

落とさないように、机の端には置かず、机の真ん中で操作をします。

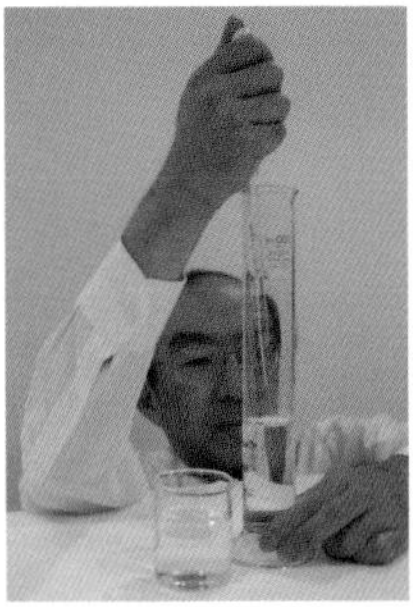

○駒込ピペットの使い方

少量の液体を操作するのに使います。ガラス管とゴム帽（乳頭）からできていて、ガラスの膨らんだ部分を覆うように３本の指で持ち、ゴム帽には必要な時だけ触るようにします。

ゴム帽を下にすると、ゴム帽の中が汚れたり劣化したりするので、ゴム帽は下にしません。

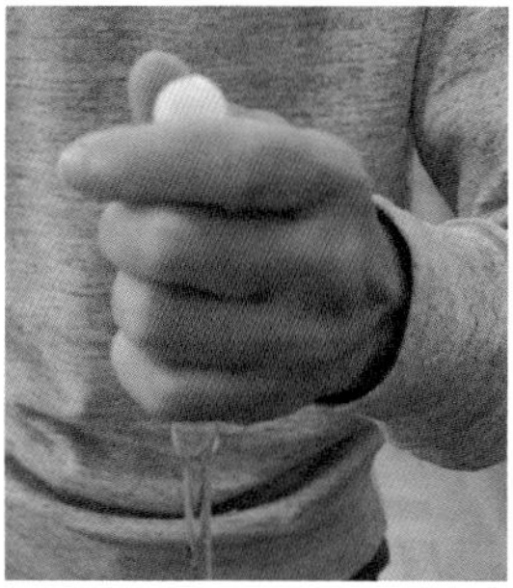

○駒込ピペットの保管と管理

スポイトが汚れたらゴム帽をはずし、洗います。乾燥させたら、ゴム帽をはずして保管します。ゴム帽は長く使用していると、べたついてきます。ゴム帽だけ別売りしているので交換します。

○プラスチックの駒込ピペット

ガラス製の駒込ピペットは、先端部が折れることがあります。プラスチックの駒込ピペットなら、折れることはありません。

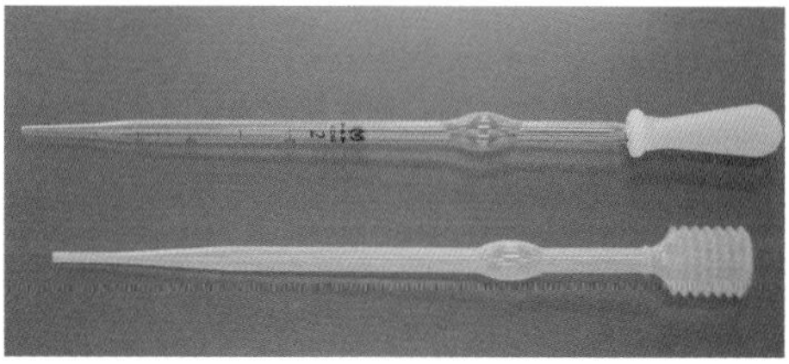

◆メスシリンダーの管理

・安全リング

メスシリンダーの付属部品として、安全リングが購入できます。メスシリンダーが倒れた時の衝撃を緩和したり、机の上で転がるのを防いでくれたりします。注ぎ口あたりにつけておきます。

◆プラスチックのメスシリンダーと置き台

長く使っていると濁る欠点はありますが、ガラス製に比べて安価に整備できます。上の台は板で作った置き台です。

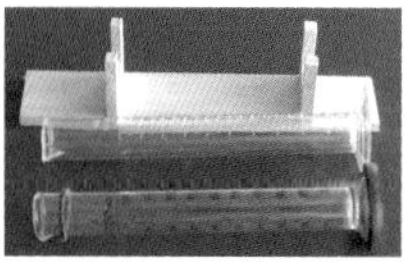

やってはいけない　STOP

メスシリンダーを片手で操作すると、不安定になります。必ず、メスシリンダーを保持しながら、操作をします。

36

ろ過の仕方

時間
20分

固体と液体を分けるための操作がろ過です。
溶けていない物を分けるという意味もある化学実験の基本操作です。

ポイント

◉ろ過の仕方を、手順に沿って学習します。

準備するもの

◎ろうと◎ろ紙◎ろうと台◎ビーカー◎ガラス棒◎片栗粉◎水

○ろうとに合わせたろ紙を選ぶ

ろうととろ紙の大きさが合うことが、大切です。ろ紙がろうとより小さいと、両者の間に液が入り込み、溶けていない物が通過してしまうことがあります。小学生は操作が未熟なので、ろ紙をろうとに密着させた時、ろ紙はろうとの縁に合う大きさとします。

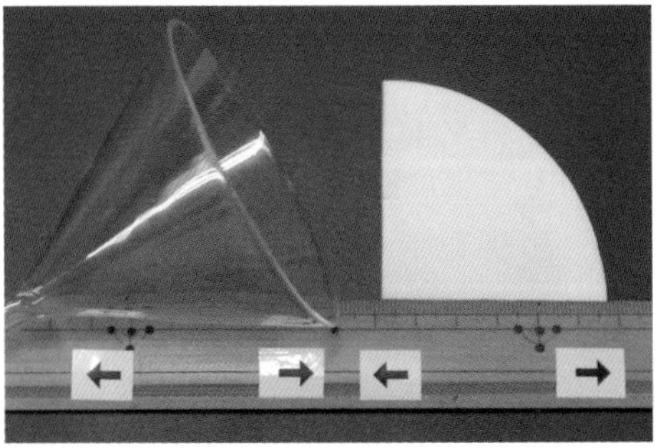

○ろ紙の折り方とろうとへのセット

ろ紙は4つ折りにします。ろうとにセットする時、そのままでは浮き上がってしまいます。少量の水で濡らして、セットします。

◆ろうとの種類

ろうとにはガラス製の他に、溝をつけて、ろ過が速くできるプラスチック製ろうともあります。

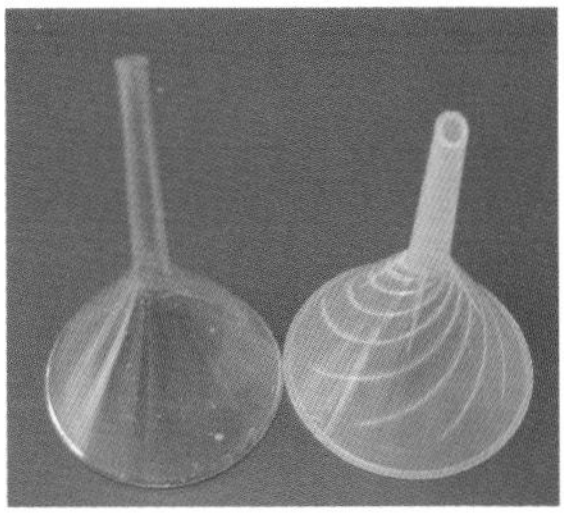

右が溝をつけてろ過が速くできるろうと

◆ろ紙の種類

土や泥のように粗い物が対象なら1号。結晶のような細かい物が対象なら2号が適しています。小学校では2号がよく使われます。

○ろ過の仕方
①ろ液を入れるビーカーをろうとの下に置いたら、ろうとの先がビーカーの側面につくように、ろうと台の高さを調節します。
②ろ紙が３枚重なっている面に、ガラス棒を立て、少しずつろ過する液を注ぎます。

③ろ過をするにつれてろ紙の目がつまり、ろ過の速さが遅くなります。必要がなければ、半分から３分の２程度をろ過して、おしまいにします。

○ろ過の練習を兼ねて
「39 溶ける物と溶けない物」では、小麦粉と食塩を例にして、溶ける溶けないを学習しています。ろ過の仕方を練習する時に利用できる題材です。

ろ紙を濡らす時は水道水をビーカーにとって、ろ紙をろうとにセットしてから濡らします。

◆ろうとの先をビーカーに密着させるのは

ろうとの先がビーカーの側面についていないと、ろ液が水面ではねて机に飛び出るからです。

◆なぜ、３枚重ねに…

ろ紙は濡れると破れやすくなるので、重なっているところにガラス棒を立てて支えます。

◆失敗の見極め

ろ過が正しくできると、ろ液は透明になります。ろ液が濁っていたら、ろ紙が破れた可能性もあります。新しいろ紙を渡して、再度、ろ過をさせましょう。

8 物の溶け方

やってはいけない

ろうとの中でかき混ぜてはいけません。ろ紙が破れてしまいます。

37 ガスコンロの使い方

時間 15分

実験用ガスコンロは、火力調節が簡単にできます。
安全な使い方を学んで役立てましょう。

ポイント

◉ガスボンベの取りつけ方や、火力の調節について学びます。

準備するもの

◎実験用ガスコンロ◎ガスボンベ
◎濡れ雑巾

○ガスコンロの正しい使い方
子どもたちを前に集め、教師が実際にやってみせながら説明します。

①コンロは机の中央に置きます。加熱器具ですから、濡れ雑巾は必ず用意させます。
②コンロの周りに燃えやすい物がないか確認します。
③ガスボンベの切り口を上向きにして、コンロにセットし、カチッという音を聞かせます。

④つまみを持って「点火」の方へカチッと音がするまで回し、点火します。

◆安全確認

ガスコンロは消耗品です。各コンロに番号を明記して、異常なコンロがあったら修理します。10年を目安に買い替えます。メーカーによっては、つまみを補修部品として用意しています。

・ガスボンベの内部はブタンが液体になって溜まっています。気体が取り出せるように、ボンベに切れ込みがあります。

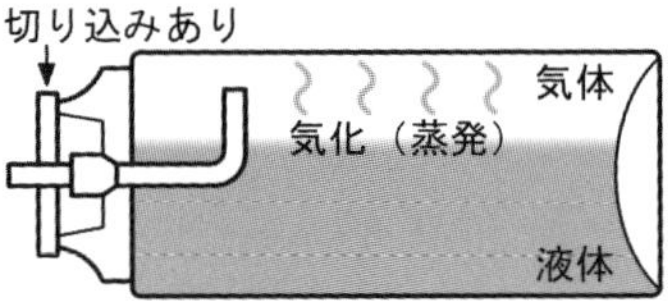

・カチッと音がしない時は、つまみを「切」の方向に回して、ボンベを取りはずせる状態にしてから、再度、ボンベを取りつけます。

⑤つまみで火力を調節します。強火、中火、弱火を見せ消火します。

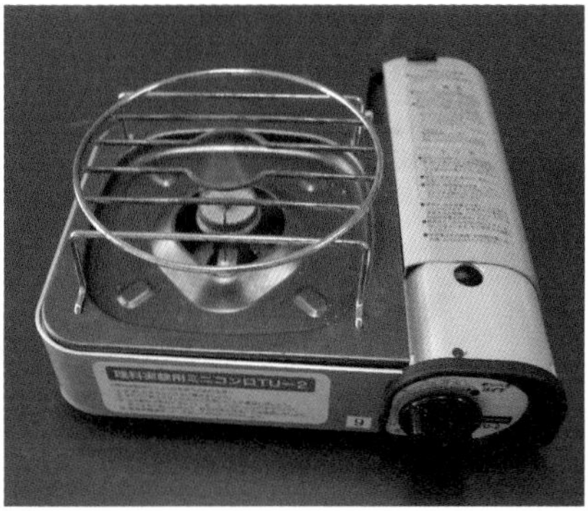

⑥五徳は炎に触れるため、熱くなります。冷えるまで、触らないことを説明します。
⑦コンロを戸棚に収納する場合は、ガスボンベをはずしておきます。

○着火しない時は
・着火しないのは、圧電素子の先端が汚れているからかもしれません。先端を紙やすりで磨き、火花が飛ぶか確かめます。

【マッチの使い方】
　コンロが着火しない時は、マッチで点火するので、マッチの使い方を復習します。基本操作は、次の３つです。
・マッチの軸は自分の方向に向ける。
・着火したら水平に持つ。
・点火した後、燃えさし入れに入れる。

◆手順の確認

　教師と子どもが一緒に手順を確認しながら、①から⑤までを再確認します。

◆子どもたちに練習させる

　各班で各人2回、④⑤の操作を行います。

◆まず教師がやってみせる

　マッチ箱のやすりは、使っていると擦れて、着火しにくくなります。子どもは力の入れ方が弱いので、古いマッチ箱は使わせないようにします。
　燃えさし入れには必ず水を入れておき、燃えさしは集めて処分します。

やってはいけない　STOP

　器具が熱い時は片づけをしません。五徳は炎にあぶられるので、手をかざして冷えたことを確認してから、片づります。
　長期間使用しない時は、ガスボンベは取りはずしておきます。

38 安全な片づけ方

説明に
5分

加熱器具を利用した後、火傷の危険があります。
安全な片づけ方をあらかじめ指導しましょう。

ポイント

◉子どもたちの中には、実験が終わると自分の判断で片づけをしてしまう例があります。理科の勉強の約束として、「片づけは先生の指示があってから」を徹底させます。

準備するもの

◎実験用ガスコンロ◎金網◎ビーカー◎蒸発皿◎濡れ雑巾◎るつぼばさみ

○実験の原則は、椅子を入れて立って行う

何か起きた時に、すぐ逃げることができるように、実験中は椅子を入れて立って行います。

○濡れ雑巾の用意

炎があがっても、濡れ雑巾で覆えば酸素が遮断されて消火できます。さらに熱い物を冷やすことができます。炎で晒された三脚を持つ時は、濡れ雑巾で持つようにすれば不意の火傷を防ぐこともできます。

三脚を雑巾で挟んで持つ

◆熱い冷たいは見た目ではわからない

ガスコンロの五徳、三脚の支えなどは、加熱されて熱くても、見た目ではわかりません。このため、子どもは無意識に触ってしまい、火傷をすることがあります。事故を防ぐためには、「熱いものは、冷めるまで原則として触らない」ことです。加熱された部分に手の平をかざして熱くないか確認させたり、濡れ雑巾で挟んで持たせたりします。

○ガラス器具、蒸発皿は急冷しない

両者とも高温には耐えますが、急冷するとひびが入ったり、割れてしまったりします。加熱した後は自然に冷めるまで待ち、手の平をかざして冷めていることが確認できたら、濯いで片づけます。

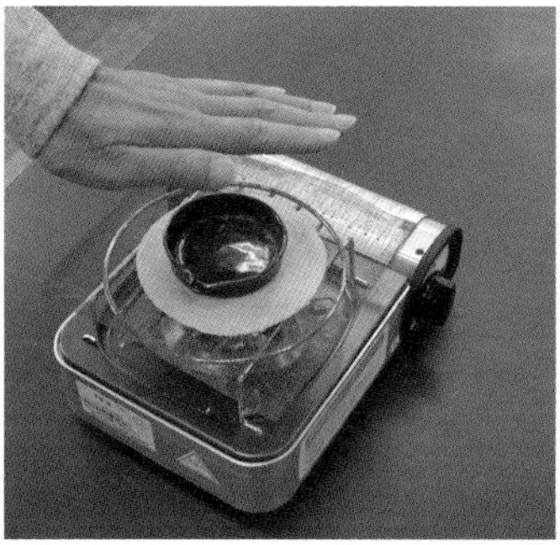

○ビーカーは衝撃に弱い

ビーカーを机の上に置く時は静かに置くようにします。衝撃を与えると割れたり、目に見えないひびが入ったりして割れやすくなります。トレーにビーカーを収納する時は、きれいな雑巾を１枚入れておくだけで、衝撃を吸収してくれます。

◆金網を洗う

鉄の網は水洗いをするとさびますが、洗ってすぐに乾燥させれば、使えなくなるほどはさびません。セラミックの金網も同じ扱いをします。

◆蒸発皿が過熱中に割れる

- 割れないように金網を敷きます。金網を敷かないと、炎が集中して高温になります。
- 火力を弱火にします。ガスコンロはアルコールランプに比べて高温になります。必ず、弱火にして加熱します。
- 利用回数が多いと、今までにたまった歪みがたまり、蒸発皿が割れることがあります。割れると、破片が飛び散ります。破片は濡れ雑巾で冷やし、るつぼばさみで挟んで片づけます。

やってはいけない

STOP

熱い物は手の平をかざして、冷えたことを確認してから運びます。
加熱した蒸発皿を塗れた雑巾で運んではいけません。割れてしまいます。

39 溶ける物と溶けない物

時間 20分

物が水に溶けるとはどんなことか実験をして調べます。

ポイント

◉物が溶けると透明になることを、実験を通して学びます。

準備するもの

◎炭酸飲料の大きなペットボトル◎ビーカー（1000mL）◎ガラス棒◎スプーン（小）◎食塩◎砂糖◎小麦粉◎入浴剤◎金づち

○食塩が水に溶ける様子を、大きな容器で観察する

①大きな透明容器に、水を入れます。

②少量の食塩を指でつまみ、数粒を水に落とします。食塩の粒がどんな変化をするか、観察します。

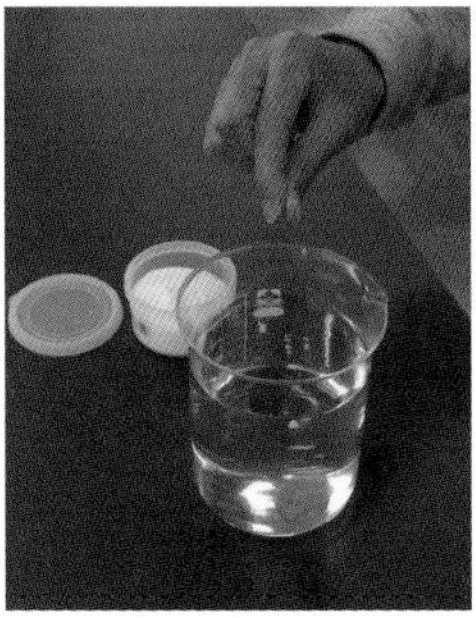

○食塩と小麦粉を、各々、水に入れて混ぜた時の様子を観察する

①ビーカーに水を100mL量りとり、小さじ１杯の食塩を入れます。

②ビーカーを片手で保持しながら、ガラス棒でかき混ぜます。

③同じように、ビーカーに水100mLを量りとり、小麦粉小さじ１杯を入れ、かき混ぜます。

◆炭酸飲料の容器

炭酸飲料の容器は円筒形なので、内部の様子がよくわかります。注ぎ口から食塩を落とすと、食塩が小さな粒になりながら、溶けていく様子が観察できます。

◆別の方法

市販のお茶パックの袋に食塩を入れて、大きなビーカーに吊るします。モヤモヤとした食塩が溶けていく様子が観察できます。

このようにモヤモヤが見える現象を、シューリレン現象といい、濃度差がなくなり均一になると全体が透明になります。

④食塩を入れて混ぜると透明になりますが、小麦粉を入れて混ぜると白濁し、時間がたつと水が澄み、小麦粉が底に沈みます。

混ぜた直後　15分後

○有色の物を水に溶かす

入浴剤のような有色の物を溶かした時の様子を観察します。ビーカーに水を入れた後に、小さじ１杯の入浴剤を入れます。

入浴剤を溶かす前と後

溶かした塩、砂糖は、水の中にあるのかないのかは、次項で調べていきます。

◆言葉の約束

食塩や砂糖を水に入れると、粒が見えなくなり、液が透き通って見えます。物の形が水の中で見えなくなるほど小さくなって、水全体に広がることを「水に溶ける」と言います。物が水に溶けた液のことを水溶液といいます。

◆入浴剤の使い方

入浴剤は、塊を金づちで小さく砕いて利用します。コーヒーやコーヒーシュガーも利用できます。

◆本当に溶けたのか

溶けているのか、溶け残っていないのかと疑問に思う時は、再度、ろ過をしましょう。溶けていれば、ろ紙には何も残りません。

学習のまとめ

物の形が水の中で見えなくなるほど小さくなって、透明になり、ろ紙を通過することを「水に溶ける」と言います。

40 物は水に溶けるとなくなってしまうのか

時間 1単位時間

塩を水に混ぜたら透明になりました。塩は水の中にあるのでしょうか。

ポイント

◉物が水に溶けても、少しもなくならないことを、実験をして考えます。

準備するもの

◎ふたつきの入れ物◎水菓子の容器◎食塩◎自動上皿ばかり◎スポイト◎ビーカー

○密閉容器を利用する方法

①食塩を水に溶かしたら、全体の重さはどうなるか予想させます。

「見えなくなるから、溶けた食塩の重さもなくなり、水の重さだけになる」

「溶けて見えなくなると、少し減る」

「見えなくても、食塩は水の中にあるから、水と食塩を加えた重さになる」

②２つの重さを、自動上皿ばかりで量ります。

・ビーカーの目盛りを利用して、水60mLを量りとって入れた容器。

・食塩20gを入れた容器。

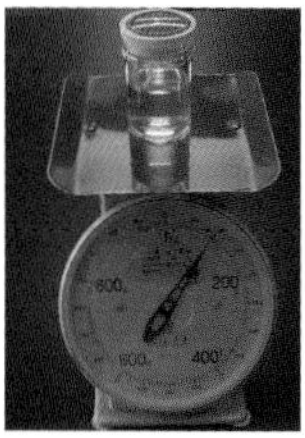

水60mL+容器100g

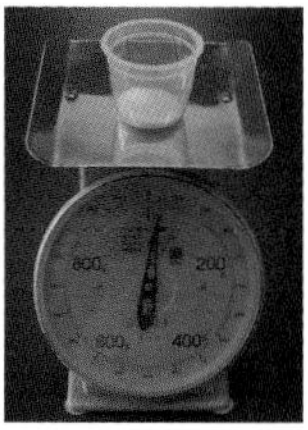

食塩20g+容器

③食塩を水の入った容器に入れてふたをしたら、よく振って食塩を溶かします。

◆質量保存の法則

化学実験の基本「質量保存の法則」につながる学習です。

◆実験のこつ

重さを量る道具は、500gから１kgの自動上皿ばかりが適しています。デジタルスケールは細かく量れるので、水滴がついただけで値が変化します。

ふたつきの入れ物は、教材カタログに「棒瓶」という名称で売られています。百円ショップで似たような容器もあります。

・水は容器の半分を目安に入れます。

・食塩は教師があらかじめ軽量スプーンを利用して取り分けておくと、効率よく実験できます。

④食塩を溶かした後の全体の重さを量ります。
120g

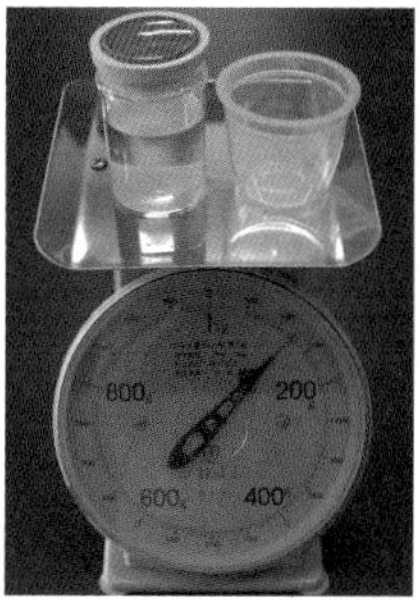

○食塩が連続的に溶けている場合を調べる

【準備するもの】
◎ビーカー（500mL）◎茶こし
◎自動上皿ばかり◎食塩約50g

食塩を茶こしに入れ、食塩が溶けていく時の重さの変化を調べます。

①茶こしに食塩を入れます。
②自動上皿ばかりに①の食塩と水が入ったビーカーを載せ、重さを確認します。
③茶こしをビーカーにセットして、重さの変化を調べます。

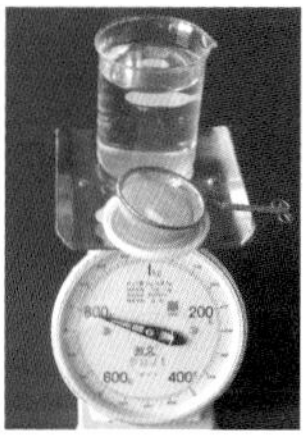

実験開始

半分溶けた状態

◆重さが変わっていたら

班によっては、ふたを載せるのを忘れて軽くなってしまうこともあります。他の班と同じか調べ、納得できない時は、もう１度実験させます。

この時注意することは、容器に水を入れ過ぎないことです。水があふれたり、ふたがしめられなかったりします。

◆モデルで表現

食塩が水に溶けた状態は、目に見えません。ノートに「塩が溶けている様子」を考えさせて、図で表現させましょう。

8
物の溶け方

学習のまとめ

塩が水に溶けると、塩は水の中にあります。塩水の中は、次のようなモデルと考えられます。

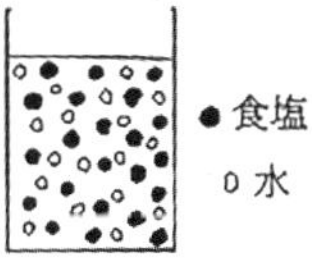

41 溶ける限度の調べ方

時間
食塩
90分
ミョウバン
75分

物が水に溶ける量には限度があり、物によって溶ける量は違うことを学びます。

ポイント

◉塩やミョウバン、ホウ酸が水にどのくらい溶けるか調べます。

準備するもの

◎ビーカー（100mL）２つ◎メスシリンダー◎スポイト◎計量スプーン（小）◎食塩◎ミョウバンかホウ酸◎ガラス棒◎温度計◎湯煎のお湯を入れる容器

○実験前の話し合い
①溶けるとは、どんな現象なのか復習します。
②食塩を例にしてどのくらい溶けるか予想し、実験方法を説明します。
③食塩の溶け方を調べたら、ミョウバンやホウ酸の溶け方を調べます。

【実験の手順】
①メスシリンダーを利用して、水50mLを量りとり、100mLビーカーに入れます。
②食塩を軽量スプーンで、量りとります。

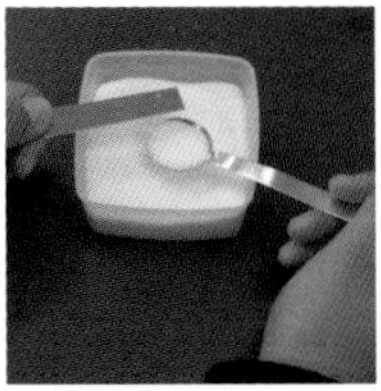

③水に食塩を入れたら、ガラス棒で混ぜて溶かします。ビーカーを倒さないように、片手でビーカーを支えながら混ぜます。

④溶け切ったら、追加の食塩を加えます。溶け切らない時は、〇分間混ぜて溶け残るようなら液温を測り、液温と溶けた量を記録します。

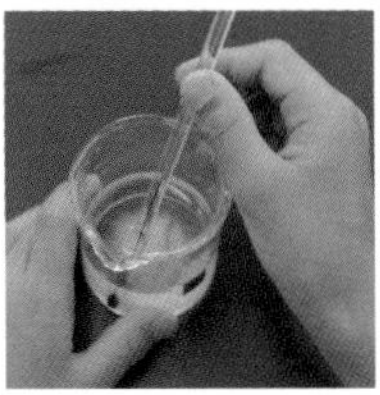

◆量りとる工夫

大まかな量を調べるために、家庭科実習で利用した計量スプーン（小さじ）を使います。計量スプーン小さじで、塩を量りとると約２gとなります。

◆混ぜる時間

溶け切らなくなってくると、長い時間混ぜようとします。話し合って、何分間混ぜることにするか話し合います。「〇分ルール」と約束します。（例）３分。

〇常温（20℃）で溶ける量

食塩	６杯程度
ミョウバン	２杯程度

○水を温めたら、もっと溶けるか

⑤さらに溶かす方法として、食塩を溶かした水溶液を温めます。初めはぬるま湯（お風呂程度の液温）に、食塩が溶け残ったビーカーをつけて温めます。塩が溶けたら、塩を追加して溶けるか調べます。

⑥溶け切らないようなら、液温を調べ記録します。

⑦ぬるま湯を熱湯に変えて、⑤⑥の操作をします。

【結果の整理】

溶け方の特徴を、温度別にまとめます。次のような表に調べた結果を記録させていきます。

	1班	2班	3班	4班	5班	6班
1杯	○	○	○	○	○	○
2杯	○	○	○	○	○	○
3杯		○				○
4杯						
5杯						
6杯						
7杯						

・温める方法は湯浴を利用します。ガスコンロを使うと、温度が急に高くなるからです。

・長い温度計ではバランスが崩れ、ビーカーが倒れます。短い温度計が便利です。

・使い捨ての容器（重ねて使うと割れにくい）や、保温弁当の味噌汁容器を使います。

◆安全のために

・熱湯を入れる作業は、火傷を防ぐために教師が行います。

○温めた時（40℃）の溶ける量

食塩　　　　　６杯程度

ミョウバン　　４杯程度

○温めた時（60℃）の溶ける量

食塩　　　　　６杯程度

ミョウバン　　８杯程度

・溶かした水溶液は、44で行う塩やミョウバンの取り出しに使うため、残しておきます。

学習のまとめ

塩は水温が高くなっても、溶ける量はあまり変化しませんが、ミョウバンは水温が高くなると、たくさん溶けます。

42 上皿てんびん

説明の
実演に
5分

重さの変化が一目でわかるのが、上皿てんびんのよさです。
重さの変化を調べる時に使えるようにしましょう。

ポイント

◉分銅の持ち方を２種類教えます。
◉同じ幅に触れるのを確認したら、止まるまで待ちません。

準備するもの

◎教科書◎上皿てんびん◎分銅◎実物投影機

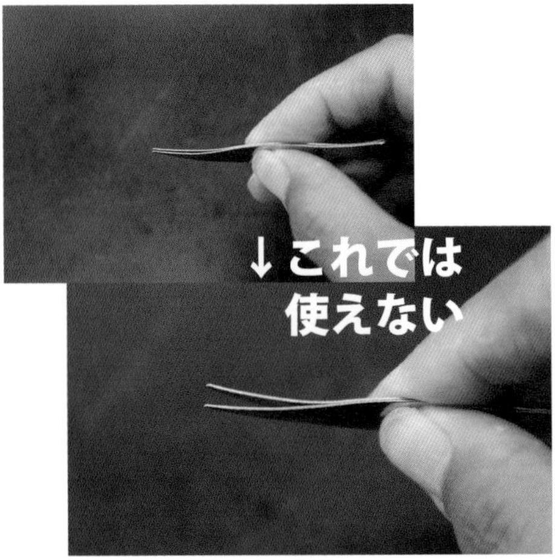

閉じた時に上の写真のようになるよう、指で曲げて調節します。

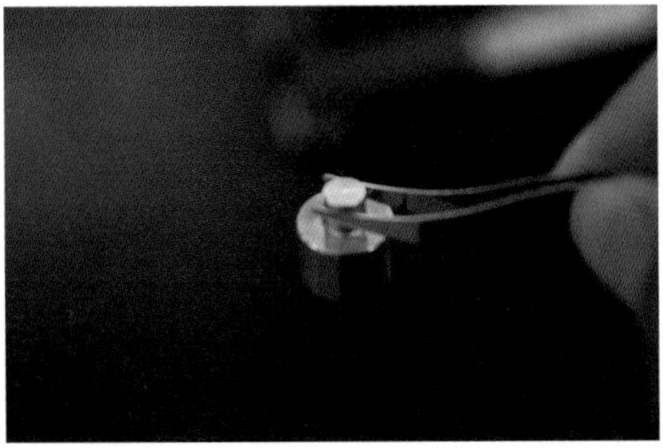

食塩が水に溶ける量を調べる時、食塩の重さを何度か量ることがあります。そんな時、上皿てんびんも使わせてみてはいかがでしょうか。

使い方の基本的な説明は、教科書を開いて線を引きながら確認させます。

水平なところに置く、調節ねじで最初が水平に釣り合っているように調整する、分銅はピンセットでつかむ等です。

しかし、いざやってみると困ることが出てきます。まず、ピンセットで分銅がつかめないことです。

ピンセットの先を合わせた時、開いているようなら直さないと使えません。

ピンセットは、持つ分銅によって向きを変えます。大きな分

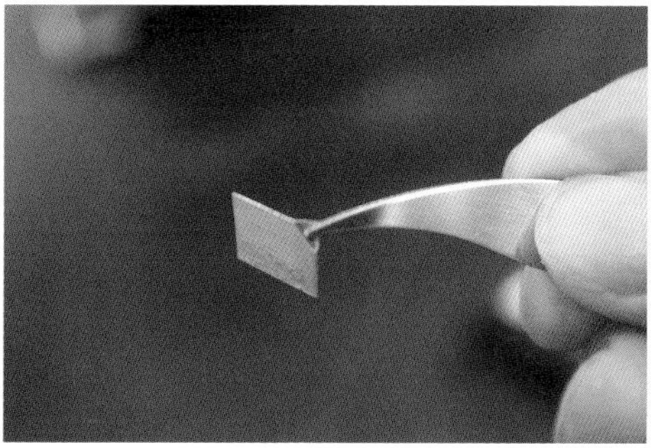

ピンセットには向きがあります。

分銅のケースを皿の近くまで持ってくると、落としにくくなります。

銅はピンセットに引っかけるようにし、板分銅は逆さにすると使いやすくなります。子どもは分銅を落として慌てて手で拾うことがあります。落とさないようにするためにも、ピンセットの使い方、調節の仕方を教えましょう。

また、分銅のケースの位置も大切です。分銅の移動距離を少なくした方が、落としにくくなります。ピンセットを持つ手の逆の手で、ケースを持つようにします。

てんびんの目盛りは伊達ではありません。同じ幅に振れているかを見るためにあります。止まらなくても同じ幅に振れていれば、同じ重さになっています。

ケースが遠くにあると、落とすリスクが高くなります。

やってはいけない

てんびんの腕が止まるまで待つと、時間がかかりすぎます。同じ幅に振れたのを確認したら、それで終わりです。慣れれば意外に、素早く重さを量れます。

43 均一拡散

児童実験
②に
10分

いったん水に溶けると、濃さはどこでも同じになります。
これも、溶けた時と溶けてない時の違いの１つです。

ポイント

◉食塩が沈むのではないかという素朴な考えを引き出します。

◉熱して乾かすことにより、均一であることを確かめます。

準備するもの

◎食塩水（２Lのペットボトルに入れた物）◎駒込ピペット◎ビーカー◎蒸発皿◎金網◎実験用ガスコンロ

食塩が見えたとしたら

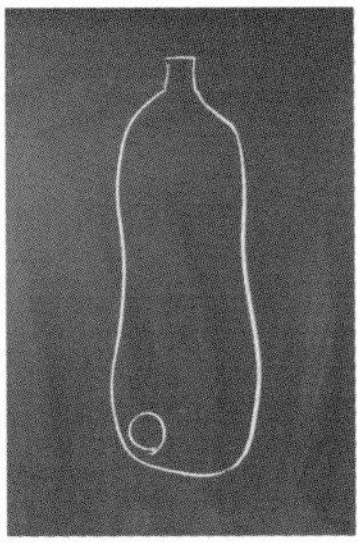

食塩の粒を５つのうち、最初の１つを下の方に書き、残り４つを書かせます。ほとんどの子が均一になっているか、下の方にまとまっているかに分かれます。

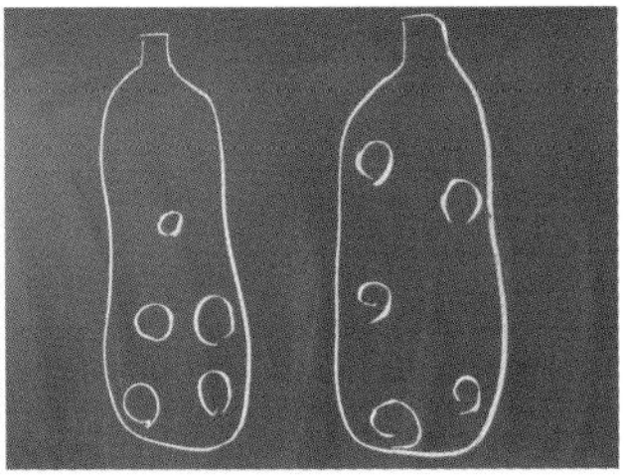

話し合いをしたら、確かめる方法として熱して乾かすことを教師から提案します。

結果をはっきりさせるために、教師実験で比較のための実験をした後、児童実験で確認という手順を踏みます。

あらかじめつくっておいた食塩水（限界まで溶かした物がよい）をペットボトルに入れて提示します。「食塩が水に溶けると見えないくらい小さな粒になります。その粒が見えたとしたら、どこにあるでしょう。５つだけ書きましょう」と、左の図のようにノートに書かせます。

図を言葉でまとめて子どもたちに返します。「食塩水は、下の方が濃いでしょうか。濃さはどこも同じでしょうか」

ノートに意見を書かせてから、話し合います。

「食塩は水に沈むのだから、下が濃くなります」

「味噌汁は上の方も塩味がしました。ラーメンの汁も同じです」

蒸発乾固で確かめます。

①教師実験（片方を水でうすめる）

金網を敷いた実験用ガスコンロ上で加熱します。この時の火力は、弱にします。左がうすめた方です。

②児童実験

実験用ガスコンロと金網、そして蒸発皿を１枚用意させます。食塩水は、両方のビーカーから１mLずつ量って入れます。

駒込ピペットで、下の方の食塩水だけ15mLほど取り、ビーカーに入れます。そのうち１mLを蒸発皿に入れます。同様に上の方の水もビーカーに取り、0.5mLを蒸発皿に入れます。さらに、水道水も0.5mL入れて１mLにします。熱して乾かすと、３～５分ではっきりと食塩が出てきます。水でうすめた方は少ない量です。

その後、児童実験です。結果は、教師実験と比較すれば、「同じ」に見えるでしょう。ノートに記録を書かせましょう。その間に温度が下がって安全に片づけられるようになります。

先ほどの結果を見ていれば、細かな差はあまり気になりません。

それでも、「長い時間をおけば、下に沈む」と思う子がいます。有色透明の液を毎日観察しましょう。まったく沈みません。

やってはいけない

時計を見ずに授業をしてはいけません。片づけまで考えたら、児童実験開始は、終了25分前前後です。加熱後すぐに片づけさせると、火傷の危険があります。

44 溶けた物を取り出す

時間 30分

食塩水、ミョウバン水溶液、ホウ酸水溶液から、溶けている物を取り出します。

ポイント

◉前時で使用した食塩水やミョウバン水溶液、ホウ酸水溶液を利用して実験します。

準備するもの

◎ビーカー（100mL）◎食塩水等◎スポイト◎蒸発皿◎金網◎実験用ガスコンロ◎るつぼばさみ◎ろうと◎ろ紙◎ろうと台◎ガラス棒◎ガラス棒◎氷水◎安全眼鏡

〇蒸発させて取り出す

①食塩水やミョウバン水溶液の上澄みを、スポイトで５mLとり蒸発皿に入れます。

②金網を敷いた実験用ガスコンロに、蒸発皿を載せて弱火で加熱します。

③液が半分くらいになったら、火を消して余熱で蒸発させます。

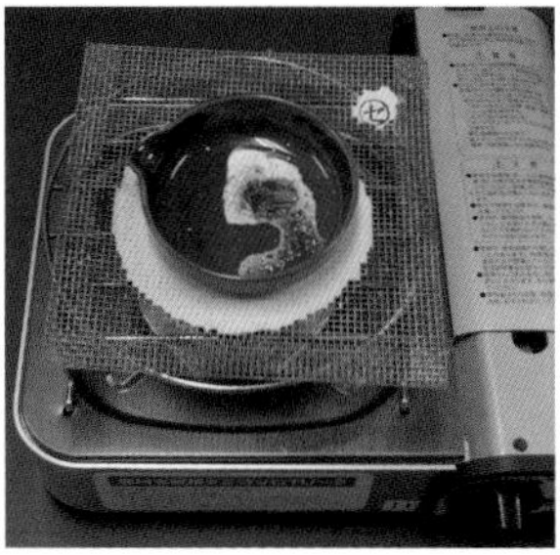

◆蒸発させる量

蒸発皿にたくさん水溶液を入れると蒸発するにつれて、粉末が飛び散り、時間も余計にかかります。5mL程度が適しています。蒸発に適した水溶液の量を、実際に見せて説明します。

◆蒸発のさせ方

蒸発皿は陶器です。ガスの直火で加熱すると割れやすいので、金網を使い弱火で熱します。

◆火傷に注意

熱くなった蒸発皿は、五徳の上で自然に冷まします。手をかざして冷えたことを確かめたら、るつぼばさみを利用して机に置きます。

○冷やして取り出す

ミョウバンやホウ酸のように、水温が高くなるとたくさん溶ける物は、冷やすと溶け切れなくなって析出します。

①ミョウバンやホウ酸の水溶液をろ過して、溶け切れなかった物と水溶液に分けます。写真では50mLを入れています。

②氷を数個入れた水にろ液を浸して冷やします。冷えるにつれて、結晶が析出します。

○自然に蒸発させて取り出す

食塩やミョウバンなどの水溶液を口が広い容器に入れ、風通しがよく、日光がよく当たるところにおきます。ゆっくりと蒸発させることにより、大きな結晶が成長します。

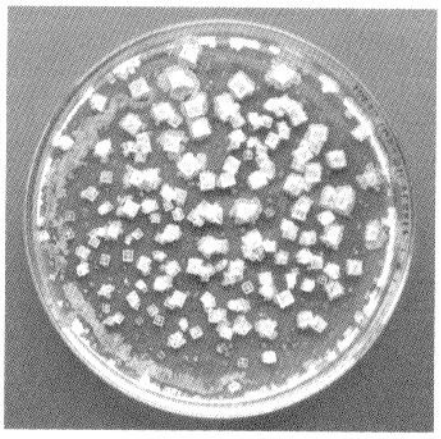

自然蒸発で取り出した食塩の結晶

◆実験が終わった水溶液の処理

・食塩水は液温を変化させても、溶ける量の変化が小さいので、大きなビーカーや水槽にまとめて、自然蒸発させます。

・ミョウバンやホウ酸は、ろ紙に取り分けた物、水溶液に溶けている物も、同じように自然蒸発させて、次年度の学習や結晶づくりに利用します。

・食塩水は冷やしても、温度差による溶解度の違いが小さいため、析出しにくいです。

やってはいけない

氷水で水溶液を冷やす時は、時間をとって十分に冷やします。急に冷やすと、粉状になります。

学習のまとめ

水溶液に溶けていた物は、蒸発をさせたり、冷やしたりすることによって、取り出すことができます。

45 結晶づくり（１）ミョウバン

時間 45分～1日

八面体のミョウバン結晶づくりをします。

ポイント

◉ミョウバンは、温度によって溶ける量が変化する性質を利用して、結晶づくりをします。

準備するもの

◎ビーカー（300mL）◎ガラス棒◎ミョウバン（32g）◎水200mL◎さじ◎実験用ガスコンロ◎アルミ針金◎毛糸か凧糸◎割り箸◎軍手◎クーラーボックス◎ポリエチレンの袋かタッパー◎エナメル線◎種結晶用ミョウバン

○結晶をつける飾りをつくる

毛糸を巻きつけたアルミ針金を好みの形に曲げ、割り箸に吊るします。モールは鉄線なので、ミョウバン水溶液に入れると溶けます。

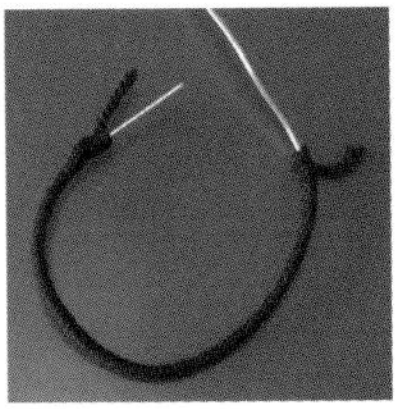

○飽和ミョウバン水溶液に、飾りを入れる

①ビーカーに水200mLを入れます。金網を敷いた実験用ガスコンロにビーカーをのせて、ミョウバン全量を加え、ゆっくりかき混ぜながら、弱火で温めます。両手に軍手をすると、熱さを気にせずに作業できます。

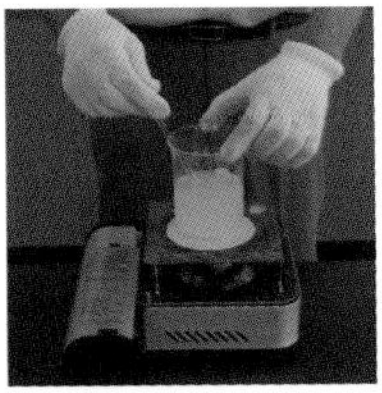

②ミョウバンが全部溶け切ったら、教師がビーカーをガスコンロからおろして机に置きます。

◆高さの調整

空のビーカーに飾りを吊るして、飾りがビーカーの真ん中にくるように調整します。

◆ミョウバンの配り方と量

教師があらかじめ計量して、紙コップなどに入れて用意します。ミョウバンが50℃くらいで溶けきる量として32gにします。

・加熱しすぎると沸騰することがあります。教師が溶け切ったかを見守り、教師が軍手をしてビーカーを移動します。

◆保温の工夫

・クーラーボックスや鮮魚用の発泡スチロールに、ビーカー

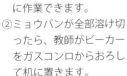

③飾り全体が液の中に入るように、高さを調節します。この後、大きな結晶をつくるために、ゆっくり冷える工夫をします。

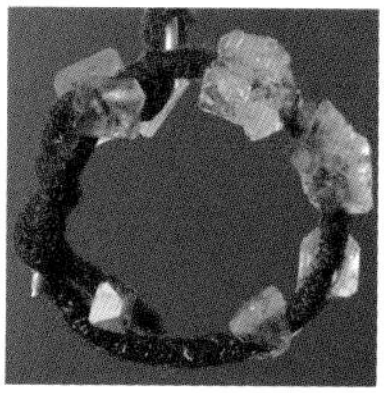

○乾燥させて保管

１日経過したら取り出して乾燥させます。結晶はポリエチレンの袋やタッパーに入れて保管します。

◆発展　種結晶から結晶を成長させる

①20cmのエナメル線を用意します。

②種結晶をピンセットで挟み、コンロで加熱します。赤くなったエナメル線を種結晶に刺します。

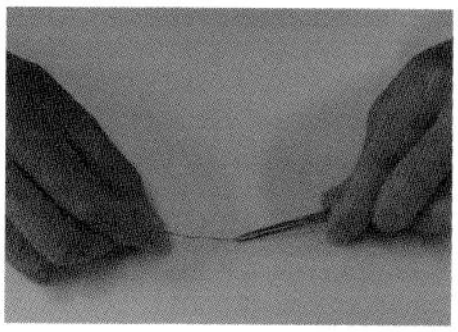

③左ページで用意したミョウバン水溶液を机におろしたら、温度計を入れます。38℃に液温が下がったら種結晶を吊るします。

④保温容器に入れて、１日たつと小指の先位の結晶に成長します。

を入れて保温します。

◆種結晶の入手

ミョウバンには粉末の製品もありますが、和光純薬のミョウバンは、大きな粒が入っています。この他に、種結晶用ミョウバン（ナリカ）も利用できます。左の例は和光純薬の製品を利用しています。

◆エナメル線を刺すタイミング

エナメル線の先端が炎で赤くなったら、１、２、３のタイミングで刺します。エナメル線の太さは、電磁石に使う茶色のエナメル線が使えます（線径0.12mm）。

◆38℃の理由

児童が溶かしたミョウバン水溶液の濃さが、１つ１つ微妙に違います。高い液温で入れると、種結晶が溶けてしまうので、余裕を見込み、38℃にしました。

やってはいけない STOP

ビーカーを片手で押さえながら混ぜないと、倒れることがあります。

8 物の溶け方

46

結晶づくり（2）食塩

時間 45分～1日

食塩の結晶づくりをします。

ポイント

◉**食塩やミョウバンが、温度によって溶ける量が変化する性質を利用して結晶づくりをします。**

準備するもの

◎ビーカー（300mL）◎ガラス棒◎水200mL◎食塩80g◎実験用ガスコンロ◎金網◎アルミ線◎凧糸か毛糸◎割り箸◎軍手◎ポリエチレンの袋やタッパー

○結晶をつける飾りをつくる

アルミ線を毛糸や凧糸を巻いてから、好きな形に曲げます。

○飽和食塩水をつくり、飾りを入れる

①ビーカーに水200mLと食塩80gを入れて、机上でよく混ぜます。

②実験用ガスコンロに金網を敷き、塩水が入ったビーカーを加熱します。中火で加熱すると５分弱で沸騰します。対流によって食塩が溶けるので、混ぜる必要はありません。水面に食塩が浮き始めるのを待ちます。

◆結晶とは

原子分子が規則正しく並び、特有の形をつくったものです。塩は周りの条件によって、立方体以外にも結晶をつくります。

◆利用した水溶液の再利用

以前に利用した塩水を再利用すれば、使用する食塩を減らすことができます。沸騰した時に、水面に塩が浮くように、食塩を補充するのがこつです。

◆火傷に注意

混ぜる必要はありません。金網や五徳、ビーカーは熱くなっているので、子どもは手を触れないように注意します。

③表面に食塩がたくさん浮いてきたら、火を止めさせます。
④塩水に飾りを吊るします。塩水が冷えるにつれて結晶が析出しますが、大きな結晶をつくるには、ゆっくり冷やす工夫が必要です。教師が保温容器に移します。

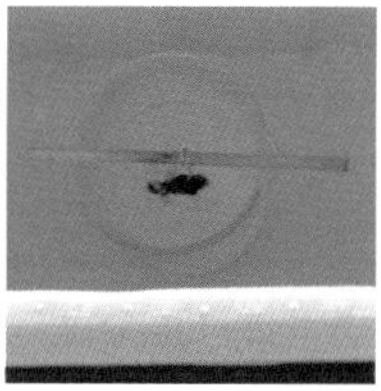

〇乾燥させて保管
数日経過したら取り出して乾燥させます。結晶はポリエチレンの袋やタッパーに入れて保管します。

◆発展　岩塩と劈開《へきかい》
長い年月をかけてできた岩塩を割ると、劈開面できれいに割れます。原子分子が規則正しく並んでいることを、理解させるのに適しています。

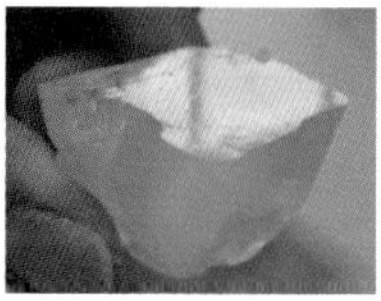

◆飾りの位置に注意

飾りがビーカーの真ん中にくるように、高さを調整します。

◆保温の工夫

クーラーボックスや鮮魚用の発泡スチロールを利用します。隙間に新聞紙を丸めて詰めると、保温効果がよくなります。

◆塩水の再利用

結晶をつくった塩水は、次の結晶づくりで使えます。不要な時は、たらいのような間口の大きな容器に入れて自然蒸発により、食塩を取り出します。

◆岩塩の入手

各国の岩塩がネットショップで、購入できます。色がついた岩塩は割りにくいので、無色透明な岩塩が劈開《へきかい》実験に適しています。大きさにもよりますが、１個100円程度です。

やってはいけない STOP

結晶づくりでは、急に冷やすと粉状の結晶になってしまいます。ゆっくりと冷やす工夫をします。

COLUMN

海水から食塩を取り出す

海水には、食塩が溶けています。この食塩を取り出すには、どうすればよいでしょうか。それは、熱して乾かす方法です。

実際に、100gの海水を加熱して水を全部蒸発させると、約3.5gの食塩等を取り出すことができます。

でも、その方法が割に合うか計算してみましょう。

20℃で100mLの海水を沸騰させるのに、実験用ガスコンロで約５分かかります。そこからさらにガスを使って水を全部蒸発させます。計算上、約30分かかります。

（80℃温度を上げるのに、80×100=8000cal。100℃の水を気体にするのに１gで約540cal。540×100=54000cal。54000cal÷8000cal=6.75倍。５分×6.75=33.75分）

５kgの食塩を買うと、500円ほどですが、ガスを使って５kgの食塩をつくると、500円以下でできるでしょうか。

カセットコンロのボンベ１本で、最大火力で使うと､約５時間使えるそうです。１本100円としましょう。100円のガスで300分使えるとして、100mLの海水から７回食塩を取り出す前に終わりです。取れる食塩は25g足らず。25gで100円の食塩。５kgならガス代は２万円！

最初から加熱しては、燃料代がかかりすぎるのです。

そこで、古来から行われてきたのは、塩田での塩づくりです。海水がしみこまないように防水の粘土の地層をつくり、そこに砂を敷き詰めます。海水を砂にまき、天日で乾かします。すると食塩と砂が混じった物ができます。それを海水で洗うと、食塩だけ溶けて砂と分離できます（ろ過と同じ原理です）。すると、濃い食塩水になるので、取り出せる食塩の割には燃料の節約ができます。

現在では、水は通すけど食塩水は通さないというフィルターを使って、電気の力で濃い食塩水をつくります。そこから水を蒸発させてつくります。

http://www.rika.com/product/prod_detail1.php?catalog_no=F35-6401-10

（http://www.i-cg.jp/support/faq/gas/）

A

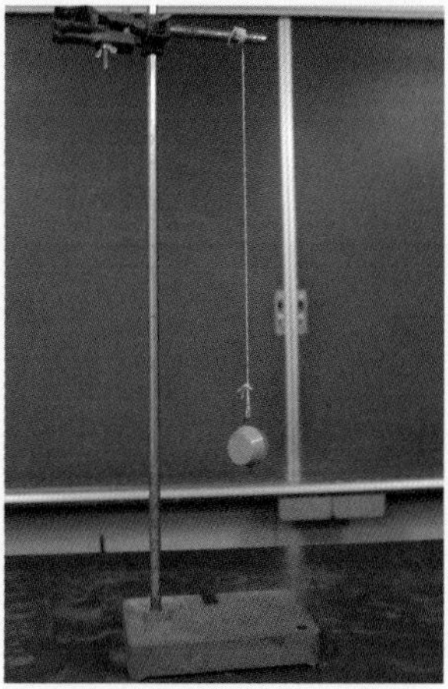

B

Bのようにすると、おもりを２倍にしてありますが、１往復する時間が長くなります。

9章 振り子

◉これだけは押さえたい

振り子の振れ幅を変えても、おもりの重さを変えても、１往復する時間は、片側に20度以下なら変わらないこと。

振り子の長さによって、１往復する時間は変化すること。

◉指導のポイント

振り子の等時性は、どんな角度でも成り立つわけではないことに、注意が必要です。片側に20度以内なら、まず成り立ちます。

誤差が出るとすれば、振れているうちに支柱にぶつかってしまった時です。そうならないように工夫されたのが、Ｖ型振り子です。自作できますので、お試しください。

ストップウォッチには、100分の１秒の目盛りもついています。そこが違っただけで、「時間が変わった」と考える児童が意外に大勢います。そこで、グラフに表すなどすれば、100分の１秒なんて違ったうちに入らないとわかるのですが、それでも納得しない子がいます（ビニールテープを貼って隠す手もあります）。

「49 往復する時間の調べ方」は、ストップウォッチを使わずに「同じだ」と実感できる方法です。ストップウォッチの使い方は、「48 振り子で時間を計ろう」で学習できます。

47

ふらつきの少ない V字型振り子をつくろう

時間
教師が10組作るのに
30分

おもりを２本の糸で吊るす振り子は、前後のブレが少ないため実験がしやすくなります。

ポイント

◉振り子を吊るす糸を２本にして、前後に振れにくい振り子をつくります。糸の長さ調整も簡単です。

準備するもの

◎Ｔ字金具◎ネジ◎木切れ◎丈夫な糸◎定規◎セロハンテープ
※写真の金具は、横6.5cm、縦5.5cm、糸を通している穴の間は２cm。

【作り方】
①木切れに、Ｔ字金具をネジ止めします。
②糸を2.5m程度に切り、金具の穴に通して結び、輪にします。

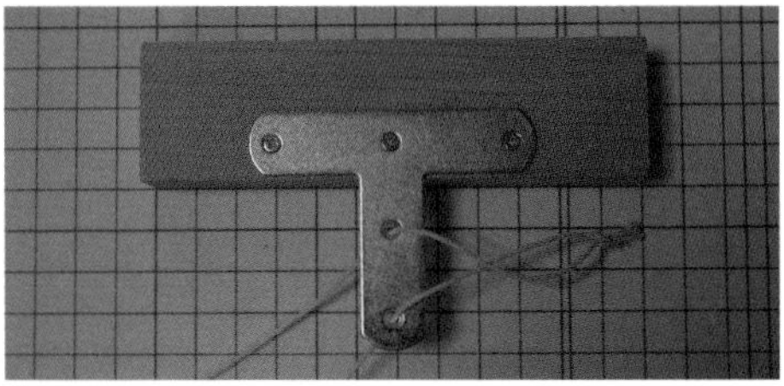

③木切れに振れ幅をガイドする紙を貼ると、実験がスムーズに行えます。
※「振れ幅」の意味は、教科書会社によって違います。必ず教科書を確認して、振れ幅のガイドをつくってください。
　右の写真は、東京書籍の場合に合わせています。

・金具は、学校のスタンドに挟みやすい大きさの木に取りつけてください。
・金具とネジがセットになっていない場合は、金具のラベルにネジのサイズの指示があると思います。詳しくは、ホームセンター等で確認してください。

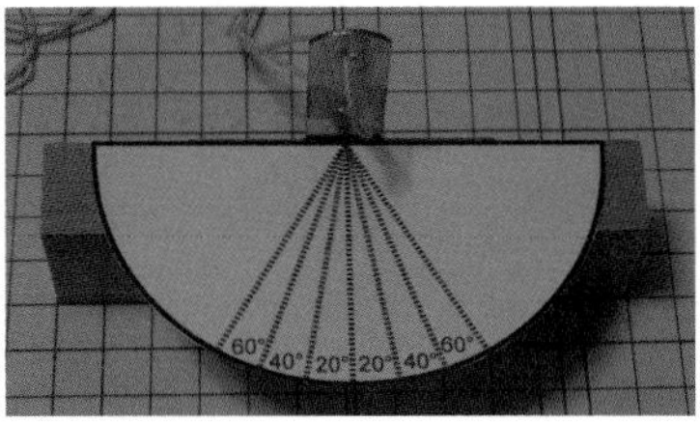

【使い方】

①スタンドは机の端に置き、クリップを低めにします。

・クリップがスタンドの上の方にあると、どうしてもふらつきが大きくなります。

②木切れをスタンドに固定します。

③おもりを１つ吊るします。

④定規を添えて、糸を金具の上から引いて長さを調節します。金具からおもりの中心までの距離が、「振り子の長さ」になるようにします。

⑤余った糸は、スタンドに巻きつけます。巻いただけで固定されないようであれば、セロハンテープで固定します。

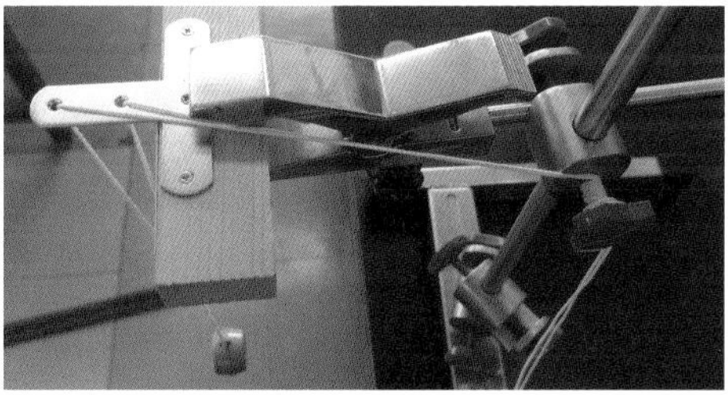

⑥振り子の実験を行います。

・スタンドを児童に渡す前に、土台裏のネジが緩んでいないかを確かめます。緩んでいると、棒がぐらついてしまいます。

・スタンドを机に置いた後、ぐらつき等がないかを確認させます。

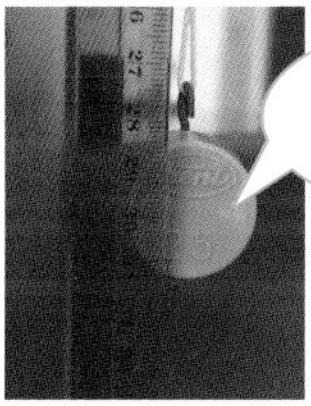
おもりの中心までで長さを測ります

複数のおもりは横に吊るします

縦につなぐのはNGです

やってはいけない

振れ幅が大きすぎると、振り子の長さが変わらなくても周期が若干長くなってしまいます。教科書の振れ幅を守ってください。

48 振り子で時間を計ろう

時間 1単位時間

振り子について学んだ後で、振り子を役立てる活動をします。

ポイント

◉振り子に狙った動きをさせようとすることで、振り子が往復する時間を左右するのが、振り子の長さであることを印象づけます。また、日常生活との関連づけもここで行えるとよいでしょう。

準備するもの

◎振り子一式◎ストップウォッチ（いずれも各班に１つ）

【手順】

①振り子の法則性を学んだら、それを使って時間を計ってみましょう。かつては、振り子時計が使われていたものですが、今では見ることはありません。

②時間を計れるように、１秒を計る振り子をつくることを課題とします。ストップウォッチを使って確かめさせます。１秒では誤差が大きいので、10秒間を正しく計れることを条件とします。振れ幅は、教科書の実験の角度を超えないように指示します。

③すべての班の振り子ができたら、教師のかけ声で一斉にスタートさせ、10秒を計ります。子どもには、自分の班の振り子だけを見つめ、10秒になったら「ハイッ！」と声を出させます。

・振り子時計を用意できるならば、実物を見せるとよいでしょう。実物が用意できない場合は、「ＮＨＫ for School」で「振り子時計」と検索すると動画があります。

・試行錯誤ができるように、おもりも充分に用意します。振り子の長さも、自由に変えられるようにしておきます。

教師は、ストップウォッチで時間を計りながら「ハイッ！」と声を出します。声のタイミングがほぼ同時であれば、合格です。

④どの班も正確に計ることができたことを確認して、どのようにして１秒を計れる振り子をつくったのかを確認します。それぞれの班の振り子の長さを確認すると、おそらく25cmと１mの２種類になるはずです。

・１秒を計る振り子をつくることができたら、運動会で使った行進曲などを流し、そのリズムに合わせた振り子をつくらせます。
・遊具のブランコ（立つとどうなるか）やターザンロープ（上がるとどうなるか）での振れ方を考えさせ、休み時間などに実際に体験させる方法もあります。いずれも、おもりが上がるので、振り子の長さが短くなり、周期が短くなります。

・振り子の長さが25cmの時、１往復が約１秒になります。また、振り子の長さが１mだと、１往復が約２秒になります。
・子どもは振り子の長さを変えたはずです。振り子の長さと周期との関係を確認します。
・メトロノームも振り子を使った道具です。振り子の長さを変化させて、往復の時間を変える点が同じです。

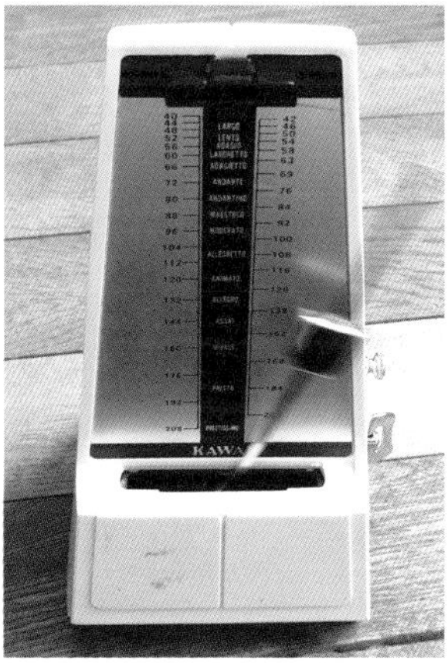

やってはいけない

STOP

教科書の実験を超えた振れ幅にさせてはいけません。振れ幅が大きすぎると、周期がわずかに長くなります。

③の時に、子どものストップウォッチで10秒を計らせてはいけません。この実験は、大体合っていればOKです。児童に計らせると、正確さにこだわる子が出てきてしまいます。

49 往復する時間の調べ方

時間
実験1回
あたり
1分以内

ストップウオッチで時間を計っても、「同じ」と思えない子がいます。

ポイント

◉クラスを二手に分けます。
◉5回振動したら、「ストップ！」と声を出します。

準備するもの

◎振り子2つ（長さを調整し、同じように振れるようにしたもの）

【板書】
・振れ幅、振り子の長さ、1往復という用語を板書します（教科書に合わせてください）。

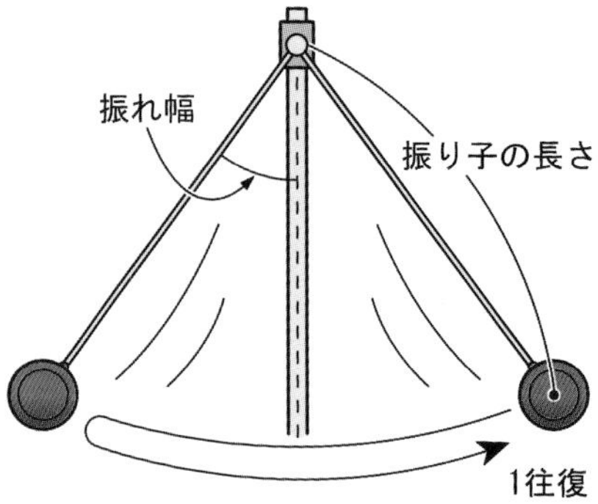

図は、振れ幅は変動の幅の半分にしていますが、半分にしていない教科書もあります。また、振り子の長さは糸の長さでないことに注意します。

1つの振り子を振動させて、振り子の用語を説明します。

また、振動した回数を数える練習もします。

おもりが一番上に上がって、一瞬止まったところを数えるとわかりやすいです。

「いち」ではなく、「いーち」とおもりを目で追いながら1往復ごとに数えるようにします。

これをクラスみんなの声がそろうまで1、2回練習します。

今度は、黙って数える練習です。

そして、5回目に「ごーおっ」ではなく、「（ごー）ストップ！」と、5回振動が終わったら「ストップ」と声を出す練習です。これも、1、2回練習します。声がそろえば合格です。

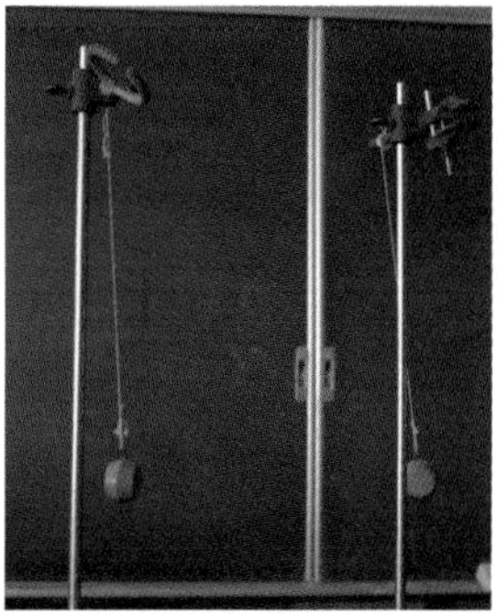

２つの振り子が同時に見えると、誤差が気になります。

５回振動し終わったら「ストップ！」

２つの振り子を同時に見ると、ずれている印象を持ってしまいます。そこで、お互いの振り子が見えないようにします。そして、お互いに黙って数えます（これで、細かい誤差が相殺されます）。

印象的に、「同じ」とわかります。ストップウオッチでは、こうはいきません。

おもりの重さを変えた時にも、ぴたり同じ結果が出ます。

※この方法は、仮説実験授業研究会の授業書「振り子と振動」にある「ストップメソッド」という方法です。原典には10回振動した時に「ストップ」と言わせていますが、誤差が気になりました。そこで、もっと誤差の少ない５回にしました。

振れ幅が２倍になったら、５回振動するのにかかる時間はどうなるでしょう。

クラスを二手に分け、片方を振れ幅10度で実験するグループ、もう一方を20度で振れ幅にするグループとします。

普通グループ（10度）は全員前を向き、２倍グループ（20度）は全員後ろを向きます。

５回振動し終わったら、「ストップ！」と言う約束をして、実験を開始します。

教師の「せーの、ハイ」で同時に手を放します。

片方が５回振動し終わって「ストップ！」と言った瞬間、別グループからも「ストップ！」という声が聞こえます。２回行って確かめてもよいでしょう。

やってはいけない

振れ幅を片側30度以上にすること。振り子の等時性は、振れ幅が小さい時に成り立ちます。

COLUMN

振り子の等時性

❶成り立つ条件があります

振り子が大きく振れた時も、小さく振れた時も、１往復にかかる時間は同じです。それを振り子の等時性といい、ガリレオが発見しました。

ただし、これには条件があります。

それは、おもりが片側に20度以内に振れた時です。

子どもたちが手でストップウォッチを操作し、多少の誤差を含む計測をしていることを想定しても、片側に20度以上振れないようにした方がよいです。

片側に45度以上振れると、１往復にかかる時間がわずかに長くなることが、ストップウォッチで測ってわかるからです。

そのわずかな差を感じさせないようにする方法が、「㊾往復する時間の調べ方」です。ストップウォッチを使わずに、みんなで声を合わせることで、「同じだ！」と実感することができます。

とはいえ、私たちは、「振り子の等時性は、あまり大きく振れないときに成り立つ法則だ」と理解しておきましょう。

❷「ふれはば」を教科書で確認

さて、この本をつくっていて大変困ったことがあります。それは、「振れ幅」という言葉です。

2019年に使われている各社の教科書を比べてみました。すると、「振れ幅」を「片側の角度」と書いてある教科書と「両側の角度」と書いてある教科書があったのです。これには驚きました。Ａ社の教科書で「振れ幅20度」が、Ｂ社の教科書では「振れ幅40度」となるのです。

そこでこの本では、「使っている教科書に合わせて教えてください」という方針で書くことにしました。中学生以降に「振幅」を勉強する時には片側で統一されますので、それまでは致し方ないと考えます。

自分の考えを書く時間がそろそろ終わろうとしているところです。終わった子は姿勢をよくして待っています（人的環境）。

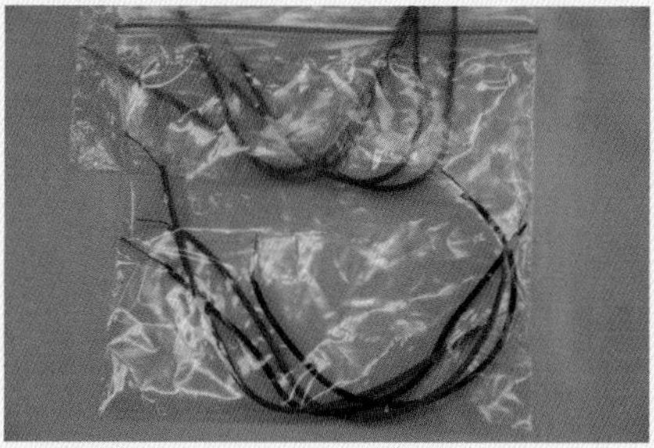

物は小分けにしておくと、短時間で班ごとに配れます（物的環境）。

10章…理科授業の環境づくり

◉指導のポイント

- 実験の準備をして、さあ授業。でも、うまくいかないことがあります。実験の準備はしてあるのに、器具を目の前にした子どもたちが、静かにしないので実験に取りかかれないこともあるでしょう。理科は、物を扱わせながら知性的な活動をさせるので、授業のマネージメントは難しいのです。
- 子どもたちが目的意識をもって実験するような授業を、日常的に行うにはこつがあります。静かにならない時に、教師が大きな声で注意することもあるでしょう。しかし、その方法しかなかったら、教師は根負けしてしまいます。
- そこで、理科授業の物的・人的環境に関係することも盛り込みました。１時間の授業パターン、騒がしくなる時の対応法、理科室の整備、事故の対応、役立つ文献等です。
- 授業の受け方を教えても、１度では身に付きません。例えば、自分の考えを書き終えたら何をするか、教えておきます。できた子をほめます。その方針を１年間通します。何度も同じことを繰り返すことで、教師が細かく指示しなくてもできるようになるのです。1度指導してだめでも、諦めずに育てていきましょう。だんだん子どもたちが活発に活動します。

50 静かにならない時にどうするか

子どもが静かにしていない時には、原因別に対応しましょう。
同じ方法がいつも通用するとは限りません。

◉やることを明確にします。
◉こまめに評価します。

よくある話です。
「ほら、うるさい。静かにしなさい」
ザワザワザワ。
「静かにしなさい！」
シーンとするけど、しばらくしたら、またザワザワ。
そうならないように、次のようにします。

○約束事がわからない時
「説明します」
（全体を見回します。）
「素晴らしい。すぐにこちらを向きましたね」
（この時、できた子をほめます。全体はできていないでしょう。）
「今、こちらを向けた人も、素晴らしい。人のよいところを学べました」
（まだ私語をしている人がいたら）
「全員、起立」
（体を動かす指示をします。話を聞いてない子も、周りが起立するのでそれに合

1. 静かにしていない場面を分ける

子どもたちが静かにしない、話を聞いていないと思う場面があります。そうなると、実験の意味がわからなくなります。安全の注意を聞かないと、思わぬ事故につながりかねません。

そこで、いろいろな場合に分けて対応法を考えていきましょう。

2. 約束事がわからない

そもそも、「先生の話は１度で聞くものだ」と考えたこともない子もいます。ですから、その子には１度で聞く、言われたことを質問しないというルールを教えるところから始めます。

実は、静かにするよりも、話

わせます。）
「先生の話を聞く時には、１度で聞き取れるようにします。わかったら、着席」と、ルールを教えます。

○わかっていてやらない場合
「説明します」
（全体を見回し、聞いていない子を発見したら）
「持っている物を、すべて置きなさい」
（ちゃんと置いているかをチェックします。）
「○○さん、持っている物を置きます」
（これで静かになるまで、子どもたちを１人１人見ながら待ちます。）
「今、先生は、途中で説明をやめました。なぜでしょう」
「しゃべっていた人がいたからです」
「そうです。先生が話をする時には、静かに聞きます。そうすることで、授業の能率が上がって、みんなが賢くなります」
「それでは、やり直しましょう。説明します。素晴らしい。みんながさっと注目できました。こうしていくと、実験の時間も長く取れていいですよ」
　やり直したら、ほめて定着させます。

○やることがない場合
　活動を始める前に、「終わったら○○して待つ」と説明したり、板書に残したりします。静かにさせてもやることがなければ、騒ぐのが自然なのです。

を１度で理解する方が大切です。静かにしていても、意識が向いていない場合もあるので注意が必要です。
　それを指導し、常識を身に付けさせてから、「注意」をしていきます。

3. わかっていてやらない

　約束事がわかっていても、やらないで話が聞けないことがあります。楽な方に流されるためでしょう。
　この時には、基本的に、やり直すことで正しい行動をさせていきます。
　その時に、「なぜやり直しになるのか。どんなルールを守っていないのか」を子どもたちに言わせることです。
　ルールがわかっていても、「これ位は守らなくても構わないだろう」と思う子どもたちに、みんなで「そうではない」と否定させていきます。

4. やることが不明確な時間

　実験が終わった後に騒ぎ出すのは、実験が終わった後にノートに記録するとか、片づけをするとか、やることが不明確だからです。

51 子どもたちが落ち着く机間巡視の技

教室内を歩く時にも、子どもたちが落ち着く机間巡視の方法があります。
ぜひ習慣化しておきましょう。

◉実態把握、話し合いの指名計画、個別指導ができる机間巡視をします。
◉全体への目配りを忘れないようにします。

1. 机間巡視は規則的に

課題を提示した後、自分の考えを書かせている時に、教卓でじっとしている先生は少ないでしょう。

子どもたちに近寄って様子を見に行くのが、普通です。この行為を机間巡視と言います。見て歩くだけではだめで、いろいろ指導していくのだという意味を込めて、机間指導とも言います。私は、あえて机間巡視と言います。

写真の白衣の教師（私）は、机間巡視してノートを見ています。この机間巡視で私が一番大事にしていることは、規則

◆ノート作業の時

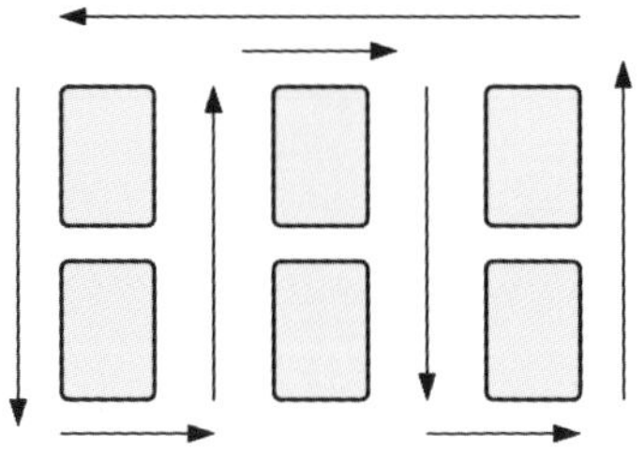

机間巡視のルート

規則的に歩くことで、全員のノートを見ることができます（実態把握）。

机間巡視には、実態把握、話し合いの指名計画、個別指導などの役割があります。先生を呼ぶ子に対応するのは、個別指導です。それだけだと、実態把握や指名計画ができなくなります。

指名計画は、「わかっていない子が多いなあ（実態把握）。

的に歩くことです。なぜかというと、「先生、先生」と呼ぶ子のところに行っていたら、もれなく全員のノートを見ることができないからです。

私だと、どこまで見たか覚えきれないうちに、次々と呼ぶ子に対応する必要が出てくると思います。見落としが出ます。

１班、２班、３班……と巡っていき、また１班にもどるようなルートで行うのが、見逃しなく全員の子どものノートを見ることができます。

2. 見られていることを意識させる

実験の時の机間巡視は、多少異なることがあります。正しく安全に実験させる必要があるので、勝手気ままな行動を見逃さない工夫が必要です。

そのため、全体を見回すためにあえて机間巡視をやめることもあります。教卓から、１班、２班、３班……と見ていき、また１班にもどるように、目を一定ルートで動かすことは大切です。

実験をしている時でも、机間巡視をしてもよいのです。ただし、大勢に背を向けるような立ち位置を取ってはいけません。理科室を外回りに回るような動き方をすれば、常に背中が外を向きます。

時々、対角線の位置にいる子どもに声をかけます。すると、子どもは、実験の最中も、先生が見ているのだなと思います。「教室全体を見ています」というメッセージです。

それなら、わかりやすい考えをＡ児、Ｂ児に発表させるだけでなく、Ｃ児も入れて３人に繰り返させて、Ｄ児に補足させよう（指名計画）」というような作戦を考えることです。

◆実験中

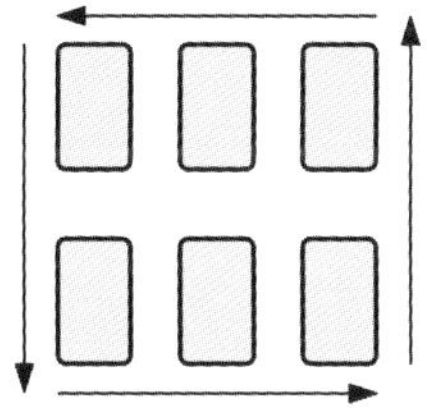

机間巡視のルート

実験中の机間巡視ルートは、左の図のようにします。常に全体が見えるようにします。

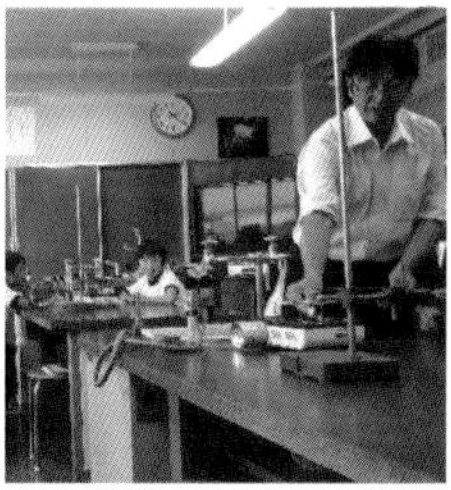

左の写真は、痛恨のミスでした。スタンドの調子が悪い班に個別指導をする時、背中を多人数の方に見せてしまいました。

本来なら逆の位置からやって全体を見回せるようにしておくべきでした（授業をビデオで撮ると、こういう反省をすることもできます）。

52 言ってもわからなければ見せる

話の聞けない子も、先生に迷惑をかけたくて騒いでいるわけではないことがあります。聞きたくても聞けない子には、伝えたいことを見せましょう。

◉「押してだめなら引いてみな」の精神で、対応します。
◉視覚化は有効です。少しの手間で、子どもも教師も授業に集中できます。

「あの子は、何度言ってもわからない」
「全然話を聞いていない」

こんなことを言いたくなる子は、どこの学校にもいるものです。

対応策は、「話が聞けなくても、こちらの意図が伝わればよい」と考えることです。「押してだめなら引いてみな」のようにすることです。「言ってだめなら大きな声でいう」と対応しては、手詰まりになります。こちらの意図が伝われればよいのですから、「言ってもわからなければ伝えたいことを見せる」のです。

まず、安全のための注意をするとき、黒板に「大切な注意だよ」とわかるカードを貼ってから板書します（「注意」のようなカードをつくっておく）。

注意　火を消した後，先生が言うまで片づけない

言うだけでなく、書くことによって見

◆表示をつくる

「そこにある薬さじを持って行きましょう」

そう言われても行動ができない子がいます。しかし、このような表示がしてあって、中身がその通りになっていれば、行動できるのです。

見てわかるようにしてあると、聞きたくても聞けない子が積極的に授業に参加しやすくなります。

てわかるようになります。特に、安全に関することには、このようなカードと板書を有効活用しましょう。

さて、筆者の勤務する学校には、21台の顕微鏡があります。実験机は７つあります。そこに５人グループをつくって座っています。顕微鏡を分けるにも、見てわかるように板書します。

班	1	2	3	4	5	6	7
番号	1	2	3	4	5	6	7
	8	9	10	11	12	13	14
	15	16	17	18	19	20	21

このように板書しておけば、「自分は６班だから、６、13、20の顕微鏡を使えばよいのだな」とわかり、友だちと協力して取りに行けます。

ガラスが割れたら
先生に伝える
静かに行動する

実験で何かトラブルが起きそうな時、そのトラブルを予期して画用紙に対応法を書いておきます。

例えば、ガラスが割れたら、私は自分で処理することにしています。その約束事を黒板に貼ってから実験すると、安心できます。

他のアイディアはありませんか？

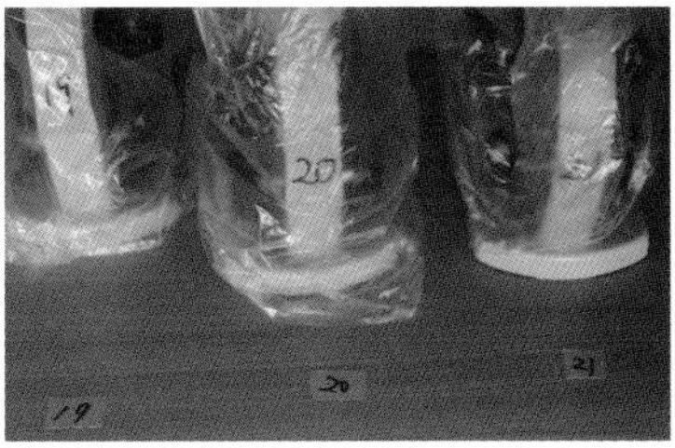

顕微鏡に番号をつけ、片づけるところにも番号をつけておきます。どの班がどの器具を使うのかが明確になるので、混乱が減ります。片づけの場所まで番号をつけておくと、話を聞いていない子でも丁寧に片づけることができるようになります。

実験用コンロが班の順番に置かれています。下に片づける場所を示す番号がつけてあります。

視覚化は、重要な用語を定着させるのにも有効です。

53 理科室の整備

授業に集中できるために、と考えて整備しましょう。
整理すれば、準備や片づけの時間の節約になります。

ポイント

◉何がどこにあるかを明示します。
◉順番や役割分担のルールを決めやすくします。

準備するもの

◎ビニールテープ（黄色）
◎油性ペン◎写真

班の番号と座席番号を実験机に貼っておきます。

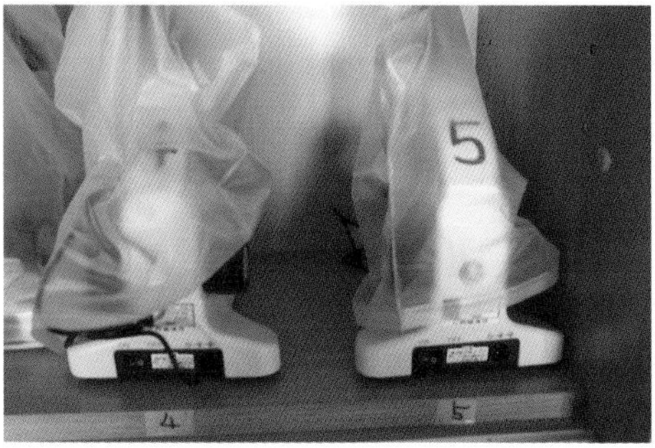

顕微鏡に番号を貼っておくのはもちろんですが、棚にも番号を貼っておきます。すると、どの顕微鏡をどこに片づけるか明確になります。

◆番号を書いておく

実験用のテーブルに、班の番号と座席番号を書いておきます。班の番号は、器具の番号と一致させます。

左の写真は、顕微鏡です。1班の子は1番の顕微鏡を使います。こうすることで、班ごとに器具を大事に使うようになりますし、持ち出したり片づけたりする時の混乱も減ります。座席番号で、「今日は1番の人が持ってきます」と言えば、スムーズです。

どこに何があるかがわかることで、探すことに時間をとられず、内容に集中できます。

同じ理由で、戸棚にはビニールテープを貼り、油性ペンで表示をします。写真があるとなおよいです。

ヨウ素液は、班の数をそろえ、スポイトとセットにしてまとめておきます。

ヨウ素液は専用のスポイトを用意し、セットにしておきます。ヨウ素液で使ったスポイトを洗うのは、非効率的です。ぜひ、専用にしましょう。

危険防止のために、安全眼鏡（保護眼鏡）を使うことがあります。大きなケースから取り出すのは時間がかかりますので、班ごとに人数分に小分けにしておきましょう。班の番号を見て、持って行けるようにします。

同様に、みのむしケーブルも数本ずつ小分けにしておくと、分ける時間の短縮になります。

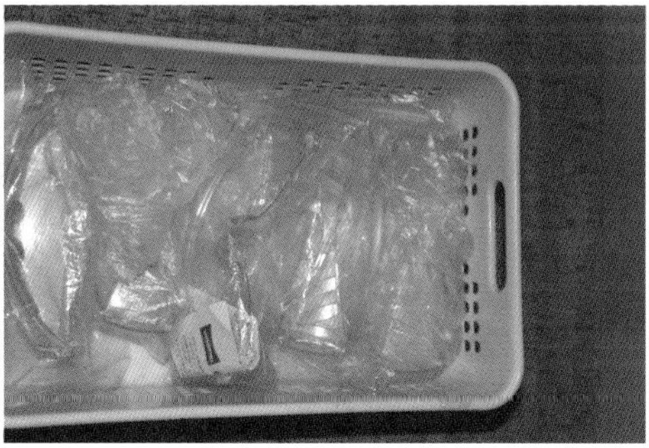

整備ができていると、物を探す時間がかからず、授業の内容に集中できます。そのわずかな時間を産み出すために、整備するのです。

安全眼鏡は、班の人数分に小分けにしておきます。

やってはいけない STOP

ラベルは、紙の物を使うと、場所を変える時、剥がすのが大変です。黄色のビニールテープと油性ペンの組み合わせがよいです。

54 ガラス器具の洗い方

実験で利用したガラス器具などの洗い方を紹介します。

ポイント

◉ビーカー、試験管などのガラス器具は、使用後に放置していると、次の実験で正しい結果が得られなかったり、汚れが落ちにくくなったりすることがあります。

準備するもの

◎試験管ブラシ◎スポンジ◎食器用洗剤◎希塩酸等

○洗い方（ビーカー）

1. ビーカーの表裏を水で濡らします。
2. 試験管ブラシ（スポンジ）に少量の洗剤を含ませ、外側、内側の順に洗います。
3. よく濯ぎ、かごに入れて乾燥させます。

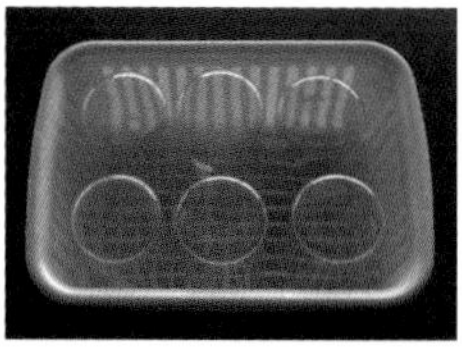

○洗い方（試験管）

試験管の底をブラシで突き破らないように、ブラシを持つ位置を確認することが大切です。

1. 試験管の内側を水で濡らします。
2. 試験管ブラシに少量の洗剤を含ませ、試験管ブラシの先端が底に触れる位置で、ブラシの柄を持ちます。

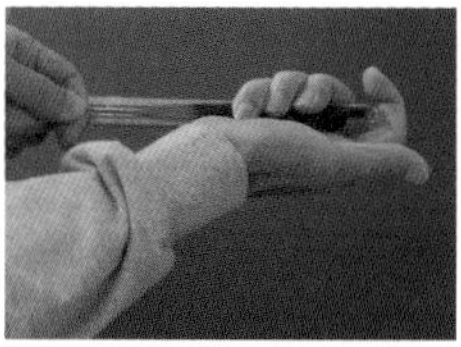

3. 内側、外側を洗ったら泡が消えるまで濯ぎ、逆さまに立てて乾燥させます。

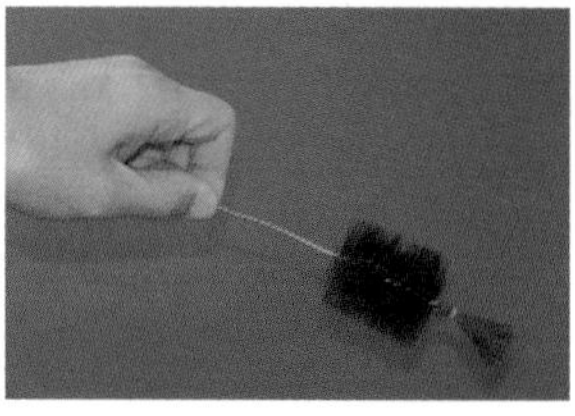

ブラシの持ち方

◆汚れの種類別の洗剤等の選択

1 固形物が付着していない時

食器用液体洗剤を利用します。理化学用のガラス洗剤は泡が出にくく、洗浄が楽です。

2 石灰が付着した時

石灰水を利用すると、石灰が付着します。希塩酸（数パーセントにうすめた塩酸）につけて石灰を溶かした後、水でよく濯ぎます。

3 カバーガラスは

カバーガラスはうすいため洗うのが難しく、流水で濯ぐ程度にします。弁当やピザ等のプラスチック容器のふたを切るか、プラスチック製のカバーガラスを利用します。

○乾燥の仕方
試験管は試験管立てに逆さに立てて乾燥させますが、金属製の試験管立てを利用すれば、机と試験管の頭に隙間ができるので早く乾きます。

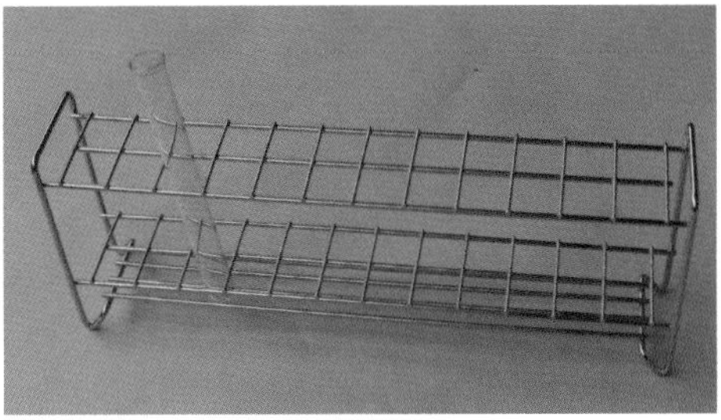

○スライドガラス
スライドガラスは、ガラスの洗い方と同じですが、水中の微生物等を観察する場合には、洗剤を使わないで洗うようにします。洗剤を使うと、水の表面張力がはたらかずに水が広がってしまうからです。

○蒸発皿
アルミニウムや鉄が溶けた塩酸を蒸発乾燥させると、物質が蒸発皿に付着することがあります。希塩酸を入れて半日程度放置してから、水洗いします。

4 スライドガラス立て

ステンレス製品があり、洗浄後、乾かすのに使えます。

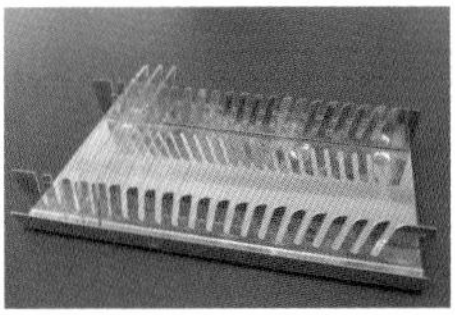

◆ここがポイント

シンク内にガラス器具を落として割ることがあります。シンクマットを敷けば防げます。

◆割れや欠けた部分の確認

ガラス器具に慣れていない児童は、ビーカーを机に無造作に置き、底にひびが入ることがあるので、ガラスに異常がないか確かめましょう。

やってはいけない

洗剤のつけすぎは意味がありません。適量で十分にきれいになります。

55 実験準備は カフェテリア方式？

実験の準備には、大きく分けて２通りあります。目的に合う方法を選びましょう。

ポイント

◉２通りの方法のメリット・デメリットを頭に入れます。
◉自分の学校に合うスタイルを選択します。

ケースに入れた実験のセット

子どもたちの状態によらず、確実に実験できるようにするには、このセット方式が適しています。

しかし、デメリットとして、教師の準備の手間がかかります。また、子どもが自分で主体的に準備や片付けをする様子があまり見られません。

子どもたちが自分で準備ができるようになる「成長」が見られません。

実験の準備をする時、２通りの方法があります。

１つは、教師が用意した器具をケース等に入れて、班の代表が運んでいく方式です。この方法を、「セット方式」と呼ぶことにします。

もう１つは、子どもたちが理科室のあちこちから必要なものを集めてくる方式です。この方法を、「カフェテリア方式」と呼ぶことにします。

セット方式には、こんなメリットがあります。

1　準備の時間短縮

教師の手間はかかりますが、その分時間をかけずに実験に取り掛かることができます。

2　器具の安全確認

教師が取り揃えるので、１つ

1つ安全確認ができます。ガラス器具にひびが入っていても、確実に取り除くことができるでしょう。

3　器具の確実な回収

教師のもとに回収するので、教師が確認できます。マッチなど、理科室の外に持ち出したら大変な物も、確実に回収できます。

4　立ち歩く子が少ない

班の代表だけが準備のために立ち歩くので、その他の子が着席したままになります。

一方、カフェテリア方式には、こんなメリットがあります。

1　子どもたちが成長

最初は実験の準備に時間がかかりますが、器具のしまってある場所を覚えて、だんだん速くなります。班で協力し合って準備するなどの成長する姿も、見られるようになります。

2　教師の準備が最低限

予備実験後に、必要な器具が必要数あることを確認しておくだけですので、教師の準備時間はそれほどかかりません。このことは、予備実験を長続きさせる原動力となります。

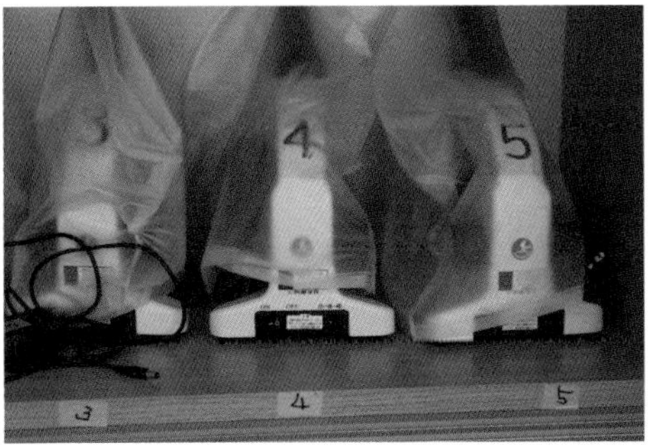

片づけてあるところから自分で準備

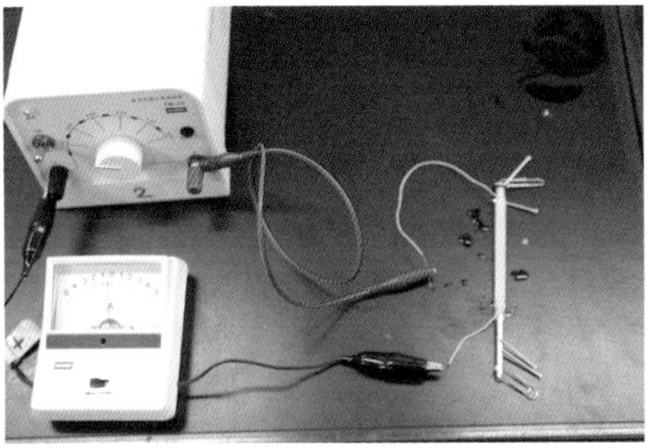

自分たちで器具を用意して実験

しかし、デメリットとして、実験器具の管理が少々甘くなります。細かい部品がなくなる危険性があります。

子どもたちにわかりやすい収納を示しておくことも、大切です。

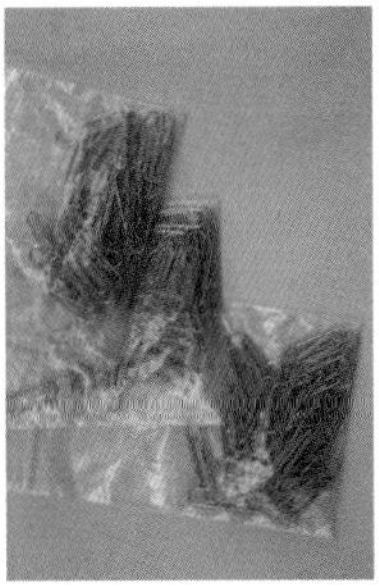

物は小分けに

マッチには班の番号

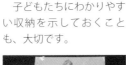

56 授業づくりのノウハウ

ある決まったパターンで授業をすることにより、指導の積み上げが期待されます。過去に開発された方法にも学ぶべき点があります。

ポイント

◉実験の意味が、楽しくわかる授業パターンで年間を通して授業をしましょう。同じことを繰り返すことで、成長が期待できます。

（1）学習課題－教師が自分で答える

1時間の学習課題を、教科書通りに出していませんか。教科書の課題はよく練られていて、思いつきで問うより効果があります。しかし、例外もあります。

「食塩は、水に、どのようにして溶けるのか」という問題があったとします。あなたは、このように問われたら何と答えますか。筆者は、正直なところ、「どう答えてよいかわからない」と思いました。

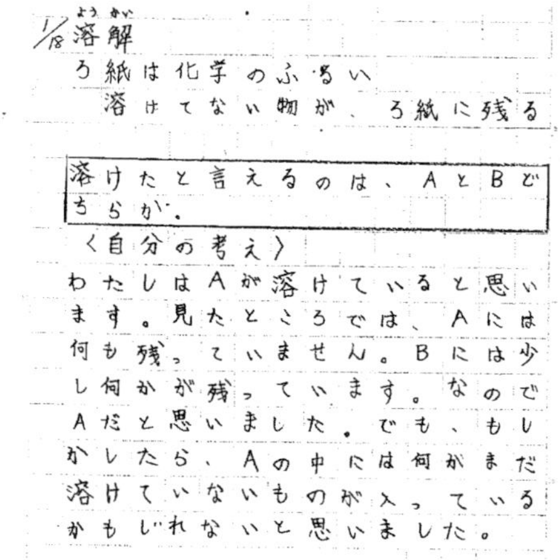
1/18 溶解《ようかい》
ろ紙は化学のふるい
溶けてない物が、ろ紙に残る

溶けたと言えるのは、AとBどちらか。

〈自分の考え〉
わたしはAが溶けていると思います。見たところでは、Aには何も残っていません。Bには少し何かが残っています。なのでAだと思いました。でも、もしかしたら、Aの中には何かまだ溶けていないものが入っているかもしれないと思いました。

【解説】

学習課題は、その時間に教師と子どもが協力して到達する内容（到達目標）が隠されているものです。

左の課題なら、「溶けるというのはどういうことか」という内容をすべての子どもたちが実感できることを狙っています。でも、その狙いは、食塩が溶けた様子と水に溶けない物が混ざっている様子を比較して見ていかないと達成できないでしょう。

（2）言葉だけの課題提示は避ける

ある５年生のノートです。

Aには食塩、Ｂには炭酸カルシウムを水に入れ、かき混ぜた状態を示しました。

こうやって、物を見せて言葉とともに提示します。これなら答えられます。

子どもたちを提示する物に注目させてから、教師が話します。

こうして、注目して話を聞くというルールも教えていきます。

（3）予想とその理由を書かせる

ＡかＢを選ぶ問題だったら、どちらかに手を挙げるのではありません。「迷っている」という予想もあることを教えます。

予想をノートに書かせたら、その理由を書かせます。予想の理由を書くことにより、仮説が立つことがあります。見たことがある、したことがあるという理由は仮説ではありません。でも、理由を書くことは難しいことでもあるので、まずは書く習慣をつけていきます。

前の学習（ノートの前のページを見て）や過去の経験を参考にするよう助言すると、理由の考え方が身に付いてきます。

> **＜考え方　使えることはないか？＞**
> **・前に学習で　・経験したことで**
> **・読んだり聞いたりしたことで**

予想の理由の中に、「こういうしくみや決まりがあるのではないか」というものが出てきます。それが仮説です。

迷っているという予想の場合は、理由を２つの立場から書かせます。「こうならばＡ、こう考えるとＢ」のようにします。

考える時のヒントを掲示物にしておくとよいです。

ここでは１人で考えさせます。わからない、書けないという子は、話し合いがすんでから書けるようにと励まします。

（4）予想の人数確認

迷っている、Ａ、Ｂという場合なら、全員に手を挙げさせて、自分がどの立場かを明らかにするようにします。人数を集計し、必ず全員がどこかに入っていることを確認します。

話し合いを聞いて予想を変えてもよいので、確実に手を挙げるように伝えます。

全員が参加することについては、毅然と指導します。

（5）話し合い

まず、迷っている子から、発表させます。

次に、少数派の自信がない子、多数派の自信がない子の順に発表させていきます。

この時、聞き手に「向く、うなずく、書く」の３つの「く」を指導します。発表者を向いて聞く、そして反応することです。

後は、自信のある子に発表と質疑応答をさせていきます。この時、「やったり見たりしたことがある」という意見は、それほど支持されない傾向にあります。「物の重さは、何も増えていない時には変わらない」のように、「こんな決まりがあるのではないか」という仮説を含むと反応がよくなります。

（6）人の意見を聞いて

話し合いを聞いて、自分の意見をもう１度書きます。予想とその理由を書くのです。人の意見を聞いて「○○さんの……という意見に賛成です」のように書かせていきます。最初のうちは、人の意見を聞き取って書くことが難しい子もいます。徐々にできるようになってきますので、励ましましょう。

わからない、迷ったと素直に表明できることは、授業づくりや学級づくりで、大変重要です。

発表者を向いて、うなずくなどの反応をした子を、「発表者を勇気づけている」。と賞讃します。

仮説がみんなに伝わり、どの仮説が正しいのかを検証するために実験しようという気持ちを高めます。

また書くチャンスがあるので、最初の予想＋理由のところで、教師が個別に教えるようなことはしなくても大丈夫です。

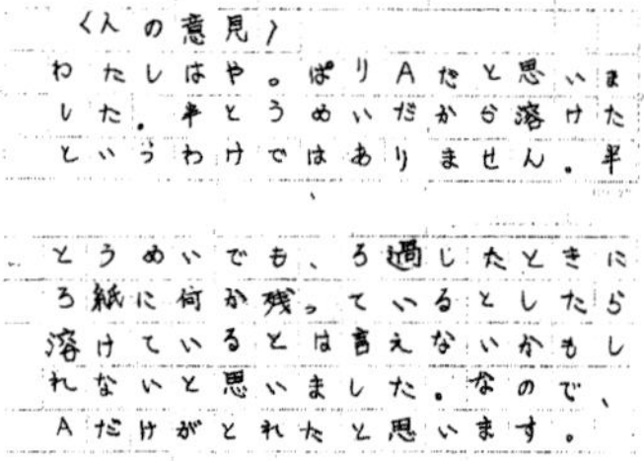
〈人の意見〉
わたしはやっぱりAだと思いました。半とうめいだからら溶けたというわけではありません。半とうめいでも、ろ過したときにろ紙に何か残っているとしたら溶けているとは言えないかもしれないと思いました。なので、Aだけがとれたと思います。

※「とうめい」という言葉が出てきました。

（7）実験

予想の人数確認をもう１度したら、実験です。

どんな実験を行うか明確にし、準備役

実験はどの仮説が正しいかを確かめるための物です。しかし、実験となるととたんに興奮して遊び始めてしまう子もいます。

割、片づけの役割なども明確にして、取り組ませます。

（8）学習のまとめを書く

学習のまとめとして、３つのことを書かせていきます。

①実験の事実

実験を行ったこと、観察したことを、日記のように書いていきます。右の例だとろ過した時の様子がそうです。

②その理由

正しいことが確認された仮説を書きます。話し合いの中で、それが出されていることが、鍵になります。最初は底に残るかを問題にしていましたが、透明かを理由に挙げるようになりました。

③ふり返り

この時間の学習をどう受け止めたかを書きます。「だから何なのよ？ どう思ったのよ？」に答えるように書くと楽しく書けます。

そこで、実験が終わった後の行動まで示して取り組ませるとよいでしょう。

実験が終わってからノートをまとめ、発表を聞きながら修正するのに10分ほどかかります。

それを見越した時間配分をしていきましょう。

③まで書けた児童に発表させていきます。その発表と比べて大事なところ（キーワードを教師が示すことがあってもよいです）が抜けてないか確認し、修正しながら仕上げていくようにします。

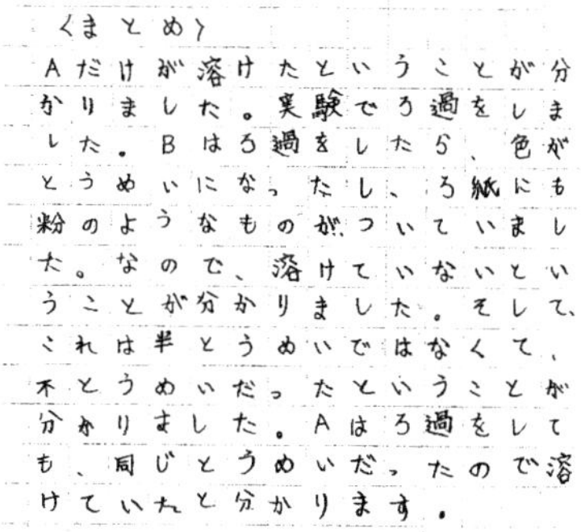
〈まとめ〉
Aだけが溶けたということが分かりました。実験でろ過をしました。Bはろ過をしたら、色がとうめいになったし、ろ紙にも粉のようなものがついていました。なので、溶けていないということが分かりました。そして、これは半とうめいではなくて、不とうめいだったということが分かりました。Aはろ過をしても、同じとうめいだったので溶けていたと分かります。

※この基本的な流れについては、玉田泰太郎著『理科授業の創造』（新生出版　絶版）を参考にしました。

※「３つの『く』」は、土作彰著『絶対に学級崩壊させない！ここ一番の「決めゼリフ」』（78ページ）より

57 ケガや火傷をした時は

安全に注意していても、ケガや事故は起こります。対応方法を確認しておけば、いざという時に行動できます。

ポイント

児童はケガや火傷をすると、「怒られる」ことを心配します。対応が早ければ、本人の怪我も軽く済み、事故の拡大も防げます。「何か起きたら、すぐに知らせる」を合言葉にします。

○事故発生時の流れ（必要に応じて）

1　本人、周囲の児童から教員に知らせる。

↓

2　他の児童を落ち着かせる。
・実験の中止や教員の応援要請をする。
・児童の応急手当をする。

↓

3　養護教諭と管理職に連絡。
・保健室にて応急手当と医療機関受診の判断をしてもらう。
・保護者への連絡。

↓

4　理科室の現状復帰。
・割れた器具の始末、清掃など。

※管理職にも、何か起きたらすぐ知らせる。
全部知らせる。

・救急箱を用意する

絆創膏などが入った救急箱を用意しておきましょう。学期始めに、必要数があるか確認します。

・砂が入ったバケツ

アルコールランプが倒れて机に炎が広がった時は、濡れた雑巾や砂をかけて空気を遮断して消火します。

・ポリバケツ

衣服に燃え移った時は、水をバケツに入れて消火します。教師の白衣をかぶせても可です。なお、白衣を着る際は必ずボタンをかけて着ます。

・目洗い器（アイカップ）

目に薬品やごみが入った時に利用する洗眼容器。水を容器に入れて、その中で瞬きをさせます。目洗い器がなければ、蛇口から水を弱く流しながら眼を洗

○火傷をした時の対応

1　熱による壊死を防ぐため、流水につけて、痛みがとれるまで冷やします。
2　痛みが軽くなったら保健室で処置をしてもらいます。

※養護教諭の判断によっては、痛みが軽くなるまで待ちません。

○ガラス破損による切り傷

ガラスの断面は鋭利なので出血が多く、水で洗い続けると、出血は止まりません。

1　傷口や周辺を水道水で洗い流します。破片が除去できるようなら、除去します。
2　ガーゼや清潔なハンドタオルで、傷口を押さえて圧迫止血します。
3　保健室で確認後、絆創膏で保護します。

○薬品がついた時

基本はすぐに水道水で洗い流すことです。

・指や皮膚についた時は、流水で洗い流します。衣服についた時は、着替えさせてから衣服を水につけて洗います。
・目を洗います。
理科室の水道にはホースがつけてあります。それは、いざという時に弱い流水で、目を洗うことにも使えます。

う方法もありますが、眼球に強い流水を当ててはいけません。

◆保冷剤を冷蔵庫に

洋菓子やアイスクリームに添えられる保冷剤を理科室の冷蔵庫で冷やしておくと、火傷の処置に使えます（基本は流水で）。

◆ガラスは割れることを想定しておく

ガラス管をL字に曲げた物を折ってしまい、それで手を切るような怪我をする子もいました。ガラスを使う時には、常に割れる危険を想定しましょう。

・衣服についた薬品は、時間の経過によって、穴があいたりすることもあります。
・強アルカリは危険です。水酸化ナトリウムは皮膚につくと、タンパク質をとかしてぬるぬるします。水で十分に洗い流すか、食酢やクエン酸のような弱酸で洗い、さらに水洗いします。

やってはいけない　STOP

思いつきの対応はだめです。左ページの事故発生時の流れを、教卓近くに掲示しておきましょう。

58 役立つ文献

子どもが科学に興味をもつ本と、教師の授業づくりに役立つ本

◆図書室や学級文庫に置きたい本

○宮内主斗編著『おもしろ理科こばなし』1、2（星の環会）1200円＋税

5、6年生の内容に関係する科学の話を集めた本。3ページ1話の短編集なので、自分の気になるところを読み進めることができます。超能力のような、科学のようで科学でない話も取り上げています。

3年生から読める『たのしい理科こばなし』1、2（星の環会）1200円＋税、高学年向けの『役立つ理科こばなし』1、2（星の環会）も、ぜひ子どもたちの手元に置きたい本です。

○左巻健男、生源寺孝浩編著『新しい理科の教科書　小学6年』（文一総合出版）1200円＋税

教科書のようですが、読むだけでわかるように意図して作られた本。教科書は、実験したり教師に教えてもらうことを前提としているので、読んだだけではわかりづらいのです。内容豊かな本なので、検定教科書を読むだけでは物足りない子どもたちも楽しめます。3年から6年生までのシリーズです。

○板倉聖宣著『科学的とはどういうことか』（仮説社）1800円＋税

題は難しそうですが、十分小学生（高学年）でも読める本です。この1冊で、科学大好きになる子もいます。「科学的」とはどんなことか、読んで納得できるようになる本です。

この著者の本には、中学年から読める『いたずら博士のかがくだいす

き』（小峰書店）シリーズ2800円＋税、『いたずらはかせのかがくの本』（仮説社）2200円＋税、『ジャガイモの花と実』（仮説社）1600円＋税他多数の魅力的な本があります。

学校の図書室には、これらの本を揃えておき、子どもたちが手軽に読めるようにしておきたいものです。

◆教師向けの参考書

○宮内主斗著『理科授業づくり入門』（明治図書）1800円＋税

理科の授業でいろいろな実験を見せ、子どもたちをびっくりさせようと思うと、この本はそういう期待には応えられないでしょう。

どうやって実験を子どもたちに提示するのか、どうやって子どもたちの意欲を喚起していくのか、という部分を詳しく書いてあるのです。お寿司屋さんにたとえると、寿司の握り方、ネタの仕込み方の書いてある本です。机間巡視の仕方、子どものほめ方など、わかっているようでわかっていない話が書かれています。

もし、特別な支援を要するお子さんへの対応で悩んでいる場合には、こちらの本もお役に立ちます。

拙著『子どもが育つ５つの原則－特別支援教育の視点を生かして』、『子どもが伸びる５つの原則－特別支援教育の時間軸を使って』（さくら社）1800円＋税。

○宮内主斗・玉井裕和編著『教科書と一緒に使える小学校理科の実験・観察ナビ〈上巻〉』（日本標準）2000円＋税

本書同様パッと見てわかり、なおかつ詳しい本です。

実験の仕方が簡潔に書かれているページの後ろに、詳しい説明があります。

実験器具の使い方にも、ちゃんとした科学の理由がありました。それを子どもたちに語れるようになれば、あなたも子どもたちから尊敬の眼差しで見られることでしょう。

なお、上巻が３、４年生、下巻が５、６年生の実験を中心に書かれています。

○板倉聖宣著『仮説実験授業のABC－楽しい授業への招待』（仮説社）1800円＋税

仮説実験授業という大変有効な授業法があります。その授業運営法について書かれた本です。とはいえ、仮説実験授業を行わない教師にも、授業づくりのノウハウについて学ぶところが多い本です。読んで気に入ったら、『仮説実験授業―授業書ばねと力によるその具体化』（仮説社2750円＋税）もおすすめです。

参考文献

［　］内は同書を参考文献とした本書の項目番号

［3,16-18］

◎左巻健男・宮内主斗編著『最新小学理科の授業・5年――1時間ごとの授業展開と解説』民衆社，2002年

［14］

◎江川多喜雄編著『ヒトの生と性を学ぶ』新生出版，1994年

［26-28］

◎宮内主斗「磁石についた鉄は磁石になっている」『理科教室』2006年1月号

［49］

◎板倉聖宣「「音と振動」と「ふりこと振動」」『理科教室』1980年3月号

［50，52］

◎宮内主斗『子どもが育つ5つの原則――特別支援教育の視点を生かして』さくら社，2017年

［51］

◎宮内主斗『理科授業づくり入門（THE 教師力ハンドブック）』明治図書出版，2015年

［53］

◎宮内主斗編著　谷川ひろみつ（絵）『クラスがまとまる理科のしごとば 上――授業づくり・学級づくり』星の環会，2013年

［56］

◎玉田泰太郎『理科授業の創造―物質概念の基礎を教える』新生出版，1978年
◎土作彰『絶対に学級崩壊させない！ ここ一番の「決めゼリフ」』明治図書出版，2013年

注：科学教育研究協議会 編『理科教室』は出版者が変遷しています。 国土社 (-v. 16, no. 4) → 新生出版 (v. 16, no. 5-44 巻 3 号) → 星の環会 (44 巻 4 号 -50 巻 3 号) →日本標準 (50 巻 4 号 -58 巻 9 号) 。以降 2020 年現在は本の泉社。

◆編著者・執筆者紹介

［　］内は執筆項目番号

編集・執筆代表

宮内 主斗 (みやうち きみと)

茨城県公立小学校教諭
特別支援教育に携わりながら、たのしくわかる理科の授業をどう創るかに興味を持っています。著書に『理科授業づくり入門』（明治図書出版）、『子どもが伸びる５つの原則』『子どもが育つ５つの原則』（さくら社）、編著『特別支援教育のノウハウを生かした学級づくり』『クラスがまとまる理科のしごとば』『おもしろ理科こばなし』（星の環会）、『教科書と一緒に使える小学校理科の実験・観察ナビ』(日本標準)他多数
［第１章扉，第２章扉，３，６，第３章扉＋コラム，第４章扉＋コラム，13，14，第５章扉＋コラム，15-19，第６章扉＋コラム，24，25，第７章扉，26-30，32-34，第８章扉＋コラム，42-43，第９章扉＋コラム，49，第10章扉，50-53，55，56，58］

執筆者（五十音順）

井上 貫之 (いのうえ かんじ)

理科教育コンサルタント
元青森県公立小・中・高等学校教員、公益財団法人ソニー教育財団評議委員。科学が好きな子どもを育てるために様々な活動をしています。著書に『親子で楽しく星空ウオッチング』(JST)、共著『クラスがまとまる理科のしごとば』(星の環会)、『たのしい理科の小話事典』（東京書籍）、『話したくなる！つかえる物理』『もっと身近にあふれる「科学」が３時間でわかる本』(共に明日香出版)他多数。
［１，第１章コラム］

大谷 雅昭 (おおたに まさあき)

群馬県公立小学校教諭
環境省環境カウンセラー、陸生ホタル生態研究会会員。「まるごと教育」でスイングバイする子どもたちを育てることをモットーとしています。共著『スペシャリスト直伝！＜失敗談から学ぶ＞学級づくり・授業づくり成功の極意』（明治図書出版）、『国語の力　伝統的な言語文化と国語の特質に関する事項』(三省堂)。
［21，22］

野呂 茂樹 (のろ しげき)

青森県板柳町少年少女発明クラブ顧問
元高校理科教員、現在は子ども向けの科学教室や小中学校への出前授業の講師を楽しんでいる後期高齢者です。毎月ホームページ（http://noroshigeki.web.fc2.com）を更新し、科学工作や科学マジックを紹介しています。科学工作は、前回の『理科実験の教科書』に載せた「月の満ち欠け」「ドラミング・きつつき」や今回掲載した「地層のでき方」などが現場の先生方や児童に好評です。科学マジックは、理科や算数／数学の内容をマジック風に展開、謎解きがとても盛り上がります。著書『先生はマジシャン１～３』（連合出版）、共同執筆は多数。
［第７章コラム］

平松 大樹（ひらまつ たいき）

北海道公立小学校教諭
公立中学校教員を経て、現職。地域の子ども達に科学の楽しさを感じてもらいたいと思い、地域の科学館での実験教室、科学の祭典への参加、子ども食堂での工作教室などを行っています。GEMS(Great Explorations in Math and Science) リーダー。共著に『図解　身近にあふれる「科学」が3時間でわかる本』(明日香出版社)、『おもしろ理科こばなし』（星の環会）など。
［4，5，8-11，47，48］

八田 敦史（やつだ あつし）

埼玉県公立小学校教諭
科学教育研究協議会会員
月刊『理科教室』編集委員
公立小学校で理科専科を務める傍ら、埼玉小学校理科サークルで授業プランづくりや実践検討を行っています。学ぶことで子どもの世界が広がる理科授業をめざしています。
［7，20］

横須賀 篤（よこすか あつし）

埼玉県公立小学校教諭
理科全般に興味をもって、教材開発をしています。独立行政法人国際協力機構（JICA）短期シニアボランティアとして、南アフリカ共和国で科学教育支援を経験したり、JAXA の宇宙教育派遣で、アメリカヒューストンに行ったりしました。
［2，第2章コラム，12，31，35-41，44-46，54，57］

横山 光（よこやま ひかる）

北翔大学教育文化学部教授
北海道内の公立中学校理科教員を経て現職。現在、小学校教員の養成に携わっています。地学領域、特に火山が専門で、安い、簡単、わかりやすい実験教材作成がほとんど趣味となっています。最近は、野外を案内しながら行うフィールド実験の開発に力を入れています。
［23］

授業づくりの教科書
[新版]理科実験の教科書〈5年〉

2012年5月 5日　初版発行
2020年8月15日　新版発行

編著者　宮内主斗
発行者　横山験也
発行所　株式会社さくら社
〒101-0051　東京都千代田区神田神保町 2-20 ワカヤギビル 507号
TEL：03-6272-6715／FAX：03-6272-6716
https://www.sakura-sha.jp　郵便振替 00170-2-361913
イラスト　鈴木ほたる
ブックデザイン　佐藤　博　　装画　坂木浩了
印刷・製本　中央精版印刷株式会社

ISBN978-4-908983-39-9　C0037

さくら社の理念

●書籍を通じて優れた教育文化の創造をめざす

教育とは、学力形成を始めとして才能・能力を伸ばし、目指すべき地点へと導いていくことでしょう。しかし、そこへと導く方法は決して一つではないはずです。多種多様な考え方、やり方の中から、指導者となるみなさんが自分に合った方法を見つけ、実践していくことで、教育文化は豊かになっていきます。さくら社は、書籍を通じてそのお手伝いをしていきたいと考えています。

●元気で楽しい教育現場を増やすことをめざす

教育には継続する力も必要です。同時に、継続には前向きな明るさ、楽しさが必要です。先生の明るい笑顔は子どもたちの元気を生みます。子どもたちの元気な笑顔で先生も元気になります。みんなが元気になることで、教育現場は変わります。日本中の教育現場が、元気で楽しい力に満ちたものであるために――さくら社は、書籍を通じて笑顔を増やしていきたいと考えています。

●たくましく豊かな未来へとつなげることをめざす

教育は、未来をつくるものです。教育が崩れると未来の社会が崩れてしまいます。教育がたくましくなれば、未来もたくましく豊かになります。たくましく豊かな未来を実現するために、教育現場の現在を豊かなものにしていくことが必要です。さくら社は、未来へとつながる教育のための書籍を生み出していきます。